能量经济学

朱志宇 ◎ 著

图书在版编目（CIP）数据

能量经济学导论 / 朱志宇著. -- 北京：中国书籍出版社，2016.6
ISBN 978-7-5068-5535-8

Ⅰ.①能… Ⅱ.①朱… Ⅲ.①经济学—研究 Ⅳ.①F0

中国版本图书馆CIP数据核字(2016)第087508号

能量经济学导论
朱志宇　著

策　　划	安玉霞
责任编辑	安玉霞
责任印制	孙马飞　马　芝
封面设计	展　华
出版发行	中国书籍出版社
地　　址	北京市丰台区三路居路97号（邮编：100073）
电　　话	（010）52257143（总编室）（010）52257140（发行部）
电子邮箱	chinabp@vip.sina.com
经　　销	全国新华书店
印　　刷	北京京海印刷厂
开　　本	710毫米×1000毫米　1/16
字　　数	127千字
印　　张	12.75
版　　次	2016年6月第1版　2016年6月第1次印刷
书　　号	ISBN 978-7-5068-5535-8
定　　价	39.00元

版权所有　翻印必究

本书特别奉献给天下能自觉提升心灵正能量，追求人生最高幸福的人们。

This book is especially dedicated to those who are consciously improving their positive mental energy and pursuing the ultimate happiness of life.

摘 要

亚当·斯密从市场经济中人们私利欲望这个普遍的共同性为自然合法原则出发，寻找到了市场自由调节的自发功利性，由此主张"放任自由、减少政府干预"的市场经济，这一发现在经济活动中也是"革命性"的，"一只看不见的手"成为古典经济学派自由理论的基础。但仅凭"这一只看不见的手"并不能推导市场"均衡"理论的经济发展的和谐模型。于是在新古典主义学派中必然假设两个条件：一是经济人是"理性的"；二是市场是"均衡"发展的。由此才能展开一系列的市场微观经济模型的建立和计算，以此来解决社会经济现象中的各种问题。

但这种假设在没有看到论证前只能是假设，必然遭到后期的主张政府干预和非均衡学派的诸多学者的批评和指责。

市场均衡发展除因私利欲望导致的一种力量外，必然有另一种力量与之相抗衡，这仅局限于经济现象难以看透其本质。穿透现象，发现有两种相平衡的能量存在，这就是能量经济学要解决的根本问题，即有另一种因经济人依照必然因果律"舍出"的能量相抗衡，并达到均衡状态。这个论证也是依照人们心灵的、共同的、普遍的原则出发来寻找和发现的，由此证明政府干预市场有其自然秩序的天然"合法"的基础，故市场"均衡"发展及经济人"理性"这两个方面既非虚构，也不用假设而能自然成立。

市场均衡是因果规律作用的必然结果，以此规律，能量经济学又推导了其他四个规律与之相适应。同时为了进一步解释经济能量与心灵能量之间的关系，经过推理发现心灵能量是经济能量的本质源头，为此又揭示了国民财富的本质问题，以及经济物质财富的本源学上的意义，这为人们创造财富从何处下手，如何下手建立了相应的原理和规则，也指明了方式和方法。同时，为了定性说明这个问题，也建立了人生幸福与痛苦指数与经济能量的模型关系，以及经济能量与心灵能量的平方成正相关关系，以此让人们来正确认识这"二量"的作用及表现，并自觉去运用其规律为己造福，为国、为民造福。因此，我们把由斯密及其以后的西方经济学开出的价值研究称为"白银"价值理论体系；把能量经济学对经济本质问题的研究称为"黄金"价值理论体系。两个体系的"本末"一体化构成能量经济学的完整统一。

根据能量经济学形成的理论框架，我们还专门对经济的宏观现象和微观现象中关于经济热点话题及争论的议题进行分析和解释，并提出了基于能量经济学的政策观点和主张，以让读者能对比和思考。为了达到能量经济学运用的最好效果，我们还举了几个案例予以实践性的证明。以上所述是能量经济学导论的主旨所在，其现实意义是让人们遵循中道均衡的现实真相和自然规律来管理经济，防止走向或否定市场机制作用、或否定政府职能的极端体制的发生，并防止其他破坏经济正能量的一系列违背规律的政策和措施的制定，让经济学真正成为服务人们幸福的一门科学。

关键词：能量经济学　国民财富　能量本质　规律运用

Abstract

    Adam Smith starts from people's self-interest as a universal and rational principle in market economy, and finds the utilitarian concern in the free market regulation, thus promoting a laisser-faire economy and reduction of government intervention. His discovery is revolutionary in economic activities. The "invisible hand" becomes the theoretical basis of classical economics. This "invisible hand" alone cannot, however, lead to the development of a harmonious market under the guidance of the "General Equilibrium" theory. Therefore, neoclassical economics suggests two assumptions: ① the economist is "rational"; ② the market is developing in "equilibrium". These assumptions help to establish and calculate a series of micro-economic market models and solve various problems in social economy. But these assumptions remain assumptions before they are proved true. As a result, they are criticized and even rebutted by later scholars who promote government control and doubt about the equilibrium theory.

Besides the force of private interest, there must be another force to counter it in market equilibrium. These two forces are the fundamental issues of energy economics. This second force comes from the giving of an economist based on the law of cause and effect. This kind of energy counterbalances the force of private interest and leads to the market equilibrium. This argument is also based on the universal principle of human mind, and it can prove that government control of market is natural and legal. Therefore both market equilibrium and a rational economist are non-fictional and self-evident.

The law of cause and effect is indispensible to market equilibrium. Based on this law, energy economics deduces four other laws to correspond with it. To further explain the relationship between economic energy and mental energy, one must trace the origin of economic energy, which is the energy of the mind. This reveals the essence of national wealth the significance of material wealth, and points out where and how to make wealth. To expound this, it also sets up the model relationship between human happiness / misery index and economic energy as well as the direct proportion between economic energy and the square function of mental energy. This theory can help people correctly realize the function of the two forces and use them to benefit themselves, their country and people. Therefore, we call the Western value studies after Adam Smith "silver" system and energy economics "golden" system. The integration of the two systems forms the unity of energy economics.

According to the theoretical frame of energy economics, I make an analysis of hot topics and controversial issues in economics from the perspectives of macro- and micro-economics, and give suggestions based on energy economics. Readers can make comparison and think about them. I also make case studies to show the best effect of applying energy economics. The practical significance is to make people follow the natural law and respect the reality of the Middle Way and equilibrium in managing economy and prevent people from extremely denying market mechanism and government function. This study hopes to prevent other policies that are both harmful to the positive economic energy and against the natural law, so that economics can become a kind of science which truly serves the welfare of people.

Key words: energy economics, wealth of the nation, essence of energy, following the natural law

目 录

第一章 绪 论 1

第二章 文献综述部分
能量经济学的"白银"价值理论分析 5

 2.1 西方古典经济学主要流派思想、理论及发展 7

  2.1.1 亚当·斯密经济学说的思想、理论及发展 7

  2.1.2 亚当·斯密后期的古典经济学派的思想、理论及
发展 18

 2.2 当代西方经济学几个主要流派思想、理论及发展 46

  2.2.1 凯恩斯经济学的思想学说及理论 46

  2.2.2 凯恩斯后期几个主要经济学派的思想学说及理论 52

第三章 根本规律部分
能量经济学"黄金"价值理论分析 66

 3.1 能量经济学的本源及规律 67

  3.1.1 新观念——能量经济学 67

· I ·

　　　　3.1.2　能量经济学的起源 73
　　　　3.1.3　能量经济学的规律和原理 86
　3.2　能量经济学的心灵作用 93
　　　　3.2.1　心灵能量与经济能量的定性与量化分析 93
　　　　3.2.2　心灵能量与经济能量的表现关系 100
　　　　3.2.3　思想的力量 106

第四章　能量经济学的运用 115
　4.1　能量经济学之于宏观经济领域的运用 115
　　　　4.1.1　自由市场经济和国家干预经济 116
　　　　4.1.2　国家的货币政策和财政政策 122
　　　　4.1.3　通货膨胀与通货紧缩 125
　　　　4.1.4　国家制度和组织机制 127
　4.2　能量经济学之于微观经济领域的运用 132
　　　　4.2.1　供给与需求 132
　　　　4.2.2　失业与就业 133
　　　　4.2.3　公平与效率 136
　　　　4.2.4　个人精神与企业创新 141

第五章　能量经济学运用的几个经典案例分析 145
　5.1　两个个人体现能量经济学运用的案例分析 146
　　　　5.1.1　第一个案例：乔布斯以及他所成就的苹果公司的
　　　　　　　王国 146
　　　　5.1.2　第二个案例：被誉为日本"商圣"的稻盛和夫，
　　　　　　　以及他经营的两个世界500强的公司 154

5.2 国家经济体现能量经济学运用的案列分析 161
　　5.2.1 美国经济案例 161
　　5.2.2 中国经济案例 165

第六章　结论与展望 172
6.1 结论 172
6.2 展望与期待 175

参考文献 182

第一章 绪 论

《能量经济学导论》中的"导论"一词,是"引导性的论述"之义,非是十分标准的、具有经济数学模型分析的确切之论。旨在运用不同的视角来观察问题,运用不同的理论方法来尝试解释和回答问题,运用东方文化的特有智慧来解决问题。

曼昆在《经济学原理》中曾引用过一句话:"经济是混乱的。"从古至今,经济上表现出来的各种现象纷乱复杂,确实留给人们的是这样的印象。但是,现象越是复杂混乱,人们越是愿意进行深入研究,看能否透过现象捕捉到本质的东西,通过经济生活表面的杂乱无序捕捉到有规律的、可运用原理和方法解决问题的人生追求。经济学的研究是本着这样的倾向来进行的,其他领域的科学研究也大致如此。这从梳理西方经济学说思想史方面就可以得到证明，绝大多数的经济学家将自己的经济著作命名为经济学原理、大纲、通论等等，就是围绕这个目的展开的。

能量经济学作为审视经济现象的一个特殊崭新视角，是想结合西方古典经济学家及现当代经济学家，就现象论现象的研究视角，甩开那些犹如科斯批评他们的"黑板经济学"过于专业的理论和数据分析，撇开他们经济学研究是所谓经济学专家们站在一己立场自说自话，远离百姓生活的局限，而是寻求一种与人贴近、简单易懂、心有感应、导人幸福的心灵方面的经济学。无论成功与否，论述是否恰当，皆不失为一种尝试，一种创新，一种抛砖引玉的研究行为。

能量经济学也立足于经济现象及其社会生活，但又不拘泥于经济现象，那就要重新审视经济现象中内含的本质问题，如同亚当·斯密首先要解决的国民财富的性质问题，才能返本归源，对症下药。但如果我们揭示的本质，即性质与斯密并未不同，或与西方其他经济学家发现的并无相异，那也就没有继续论证的必要，否则只是浪费笔墨，殊无任何意义外，也仍然解决不了他们在经济领域中的各种理论和观点的纷争。

能量经济学对经济现象包括国民财富的本质认识，是经济现象背后涌动着的能量，能量可外在表现为物质财富，也就是说，物质财富是能量的外化形式。另外，我们再进一步追本求源，发现充满物质世界的各种能量，是由人们心灵导致的，是心灵能量涌发出来

第一章 绪 论

造成的各种现象，而只要把握住心灵能量这一根本，则可以以不变应万变的方式解决所有问题。这是能量经济学的理论核心，故与西方经济学从古至今所提出的学说、思想、理论、方法大相径庭，也可以算是独辟蹊径的研究方法。

既然研究的思维落脚到了心灵能量，那就得考察心灵能量与经济能量的相互关系，由心灵能量再表现为经济能量，进而再表现为物质财富，这种层层递进中表现的规律性为何？可否被人们理解和运用？这是能量经济学必须要解决的课题。当然在本书的以下章节则作了粗糙的、抛砖引玉式的探讨。

经济学的研究，无论如何都是站在前辈研究成果的基础上，站在古往今来的圣贤们的智慧启迪上，当然也站在自己所处的当下环境和沐浴过的本民族文化形成自己心灵的特殊性的基础上，来观察论证经济现象和经济问题的。因此，本书必须要简要介绍西方古典经济学家的各种观点，和当代经济学家的各种流派及思潮，了解他们学说思想的现状和理论深度，明晰在现在经济领域中存在着怎样的经济问题等等，这就必须参阅西方经济思想史，和当代经济学术流派的主要思想介绍相关著作。由于学派林立，众说纷纭，故以很短的篇幅介绍其思想渊源是困难的，也是极其枯燥无味的，但除了无法绕开必而行之以外，重要的是为能量经济学论证自己的理论时，做下一个深厚的铺垫，这样能让读者在阅读时进行对比分析，以便进行合乎自己的权衡取舍，为己所用，因此，考察前人的经济思想是非常有用的。

前人提出的经济思想及其理论学说也是能量经济学所指思想能量的一部分，实践证明，在一定条件下，西方经济学的思想、理论和方法也非常经典和有效。我们将中西方的经济思想结合起来，如同观察一棵大树，地面上可见的部分如枝干和茂盛的叶子为经济现象部分，西方经济学对此方面的研究可谓精深，并富有极大的文明成果，这些是需要东方学人认真借鉴、学习、吸收和消化的。我们把对西方经济学说的介绍及研究放在本书的第二章，并昵称是能量经济学中的"白银"价值理论。将树的地下部分即根底的研究作为东方文化特有的智力，为树冠即经济生活提供不断的能量动力部分，这是能量经济学要阐述的核心部分，那我们把此核心部分，放在本书的第三章，并昵称为能量经济学的"黄金"价值理论。两个部分构成一个有机的整体，形如树根和树冠，任何一部分也不能偏废，否则就会倒向一边，甚而走向极端。因此，能量经济学中的"白银"价值理论与"黄金"价值理论同等重要。

但是，因能量经济学是引导式的，涉及经济学、心理学、社会哲学乃至人类学等，难以严密、清晰和足论，又因为涉及崭新的视角，触动到心灵深层，很难进行西方科学式的定量分析，故必有许多不足和缺陷，甚至这些不足和缺陷又是致命性的，但愿一石激起千层浪，留给有趣的研究爱好者指正和批评，并共勉！

第二章 文献综述部分
能量经济学的"白银"价值理论分析

任何一位哲学家、科学家、经济学家乃至一般的研究工作者，都有一种梦想，通过自己对社会经验的观察实证，能总结出一套规律，来解释社会上发生的专业领域中的各种现象，且用此规律、原理解决社会人生问题，给人们提供幸福的指导。

作为研究经济学的学者，我们同样有这份理想，希望通过自己对经济现象的观察和总结，而形成一整套解释经济现象和处理经济问题的规律和原理、原则。

著名经济学家约翰·梅纳德·凯恩斯曾经说过："经济学研究

似乎并不需要任何极高的特殊天赋。与更高深的哲学或纯科学相比，经济学难道不是……一门极其容易的学科吗？它是一门容易的学科，但这个学科中很少有人出类拔萃！对这个悖论的解释也许在于杰出的经济学家应该同时具有各种罕见的天赋。在某种程度上，他应该是数学家、历史学家、政治家和哲学家。他必须了解符号并用文字将其表达出来。他必须根据一般性来深入思考特殊性，并在思绪奔放的同时触及抽象及具体。他必须根据过去、着眼未来而研究现在，他必须考虑到人性或人的制度的每一部分。他必须同时保持坚定而客观的情绪，要像艺术家一样超然而不流俗，但有时要像政治家一样脚踏实地。"[1]这应该算是经济学家们的治学风格和探求经济规律的指导原则。

但任何观念的提出，并不是空穴来风，也不是狂想拼凑，必须建立在前人的经济理论和经验观察的基础上，再通过自己的思想，形成独特的观察视角，特立独行的思想创新，以及对经济现象的合理解释，对前辈专家学者的经济理论的不足及缺陷可以批判和补充使其完善，以求达到解决经济发生的各种问题，提升人们的福祉。因此，回顾前辈学人的经济发展思想和经济理论，肯定其理论的优势，摒弃其不足和缺陷，并能依照自己提出的经济理论来完善其缺陷是完全必要的。当然，介绍前辈们的经济思想及理论发展，也是

---

[1] 谭崇台：《西方经济发展思想史》，武汉大学出版社，1993年版，1995年修订本第1页。

想清晰研究经济现象中这些经济思想及理论的相关作用,涵盖哪些有益合理的价值,这也是我们能量经济学称之为相当于"树冠"部分的"白银"价值理论。

2.1 西方古典经济学主要流派思想、理论及发展

阐述西方的经济学说思想,更主要的目的是为了本书所提出的崭新的经济观察视角——能量经济学的引出和登场。而能量经济学这一视角的立足点何在?起源若何?理论及基本原理与前人的经济理论有何差异?能否合理解释所发生的经济现象?应该如何应用能量经济学的原理规律去解决经济问题?等等。因此,有必要对古代经济学的前辈们和现当代经济学的专家们的思想和经济理论,视角观念,方法和认识进行概要式的阐述。

2.1.1 亚当·斯密经济学说的思想、理论及发展

《西方经济发展思想史》一书的导论中提出:"经济发展思想,指涉及国家经济增长(growth)和发展(development)问题的原理、学说以及由此而作的政策推理。"[①]这个说法似乎是正确的,但很不全面。在我们后面的概述及分析中,尤其是以能量经济学观察的核心视角上,会有更为全面深刻的论述。

---

① 谭崇台:《西方经济发展思想史》,武汉大学出版社,1993年版,1995年修订本第1页。

谈到古典经济学派，自然绕不过去的是古典政治经济学奠基人，对经济增长问题做出全面条理分析的亚当·斯密（AdamSmith 1723—1790）。在考察斯密的《国民财富的性质和原因的研究》（简称《国富论》）所包含的经济思想内容及其理论之前，需要稍稍涉及到更早期的重商主义学派和重农主义学派，以及古典政治经济学家威廉·配第（William Petty）和比埃尔·布阿吉尔贝尔（Pierre Boisguillebert），他们对经济增长和发展问题的研究直接影响着亚当·斯密。

重商主义（Mercantilism）产生、流行于15世纪至17世纪中叶的欧洲。在此期间，中央集权制民族国家的建立以及封建制度的瓦解，促进商品经济迅速发展，从国内市场的逐步形成到世界市场的慢慢兴起，都让经济管理的视角转向了国家和社会的宏观的、动态的领域。在累积社会财富，加速经济增长，力图摆脱封建桎梏的基础上来发展商品经济。主张国家干预政策，加强对幼年工业的保护，增加就业等等。

重商主义者十分重视社会财富及国民财富的增长。因货币是他们认为唯一代表财富的观点，也决定了他们对国内商业和国外贸易的看法是：国内商业不能导致国家变得贫穷和富裕，因为国内贸易既不能从国外带回金银货币，也不能把金银货币带出国外。而真正能让国内财富增长的源泉，且是唯一源泉，是保持国外贸易顺差，将更多金银货币流入国内，坚决防止国内的金银货币流出国外。这

第二章 文献综述部分

种思想自然会形成国家保护政策，以扶植国内的幼小工业，去抵抗外国的竞争。因此，亚当·斯密在总结重商主义的看法时说："财富与货币，无论从哪一点看，都是同义语。"①

重商主义者的理论缺陷是非常明显的，后期的经济学家当然能够看到其理论上的不完整性和不深入性。他们不能也不可能明确描述生产率、资本、利息、货币等经济学上的概念，也难以搞清储蓄、投资、劳动分工、报酬递增或递减、成本行为等经济过程，自然也无法阐明经济变量之间的相互关系。

18世纪后叶开始在法国出现了重农学派。这是在法国国内的特殊情况即农业极端落后，国家财政极度困难，人民生活出现危机的形势下形成的。这一思潮的代表人物为魁奈（F.Kuesnay）、杜哥（A.R.J.Turgot）等，他们反对重商主义，提倡重农主义，和大力发展农业，认为农业进步是经济发展之本。由于认为农业是经济增长唯一源泉之故，当然会轻视商品经济，轻视国内外货物对财富增长的重要性。在他们看来对外贸易不能产生社会财富，要将财富增长的视角转向农业和农产品开发，"纯生产"性的农业将很快形成资本优势，而农业部门的繁荣及资本优势自然会带动其他部门的优化发展。当然，要完成这个自然的先决条件是，取消垄断、排除国家干预而倡导自由竞争。自由竞争会导致包括农产品在内的适宜价格

---

① 亚当·斯密:《国民财富的性质和原因的研究》下卷，商务印务馆，1972年版，第2页。

最佳组合，并形成价格机制，来协调个人和集体之间的经济利益，从而推动经济增长。

他们反对重商主义强调金银货币的重要性和必须不断增加货币数量的观点，认为金银货币只是商品交换的媒介，而不是实际的财富，故金银货币的增加并不意味着实际的经济增长。但他们重视人均实际收入增长，并认为人口的过度增长会降低人均实际收入，这与重商主义者认为的，人口增长会导致社会财富增长的观点大相径庭。如魁奈认为："只有在人和财富之间有着适当的均衡，才能获得财富并持续地获得财富。"[①]

为了振兴农业，促进经济和财富增长，他们重视先进农业生产技术的引进和传播，认为它使每单位农业产出的投入最小化。同样是为了农业产品兴旺发达，他们也重视国内的自由贸易和国外的自由贸易，特别赞成农产品出口不受任何限制，只有这样才能刺激农业，并由此促进国家经济的全面增长。但并不十分主张外贸顺差，因为金银货币的内外流动，会引起产品价格的相对变动，这样反而会导致财富的减少。为了能真实获取财富的增量情况，他们还建立了《经济表》模式，把生产过程表现为再生产过程，把流通表现为仅仅是这个再生产过程的一种形式，把货币流通表现为仅仅是资本流动的一个要素，以此来表现以大农场为经济基础的国家的农业发

[①]《魁奈经济著作选集》，商务印书馆，1979版，第363页。

展，和一般经济发展的必要条件或均衡条件，同时也能表现出再生产过程的规模之变化，并由此提出了经济发展是螺旋上升运动的观点。总之，重农学派思想理论及对国民财富性质的认识，比重商主义者有了更多进步的意义。当然重农学派的观点片面性也是不容否认的。例如威廉·配第在研究经济增长和经济发展问题时认为：人口稀疏是贫困的真正原因，经济收益主要来自工业，及工厂提高劳动生产率，从而提升生产力。他对农业、工业和服务业有过精辟的概括：随着工业先上升后又因服务业的优势剧增而下降，农业在就业和国民产品中的相对重要性表现出下降趋势。[1]

提到亚当·斯密，人们第一反映是他的"看不见的手"，让斯密由此成就"古典经济学之父"的美名而享誉世界经济学界。他的《国富论》新颖全面，内容涵盖社会哲学、经济史和政治经济学。而"一只看不见的手"市场调节机制，只是他经济学思想的一个组成部分。斯密经济学首要解决的是国民财富的性质问题，只有对其性质研究透彻，才能看清财富的本质所在，并由此才能解决人口变动、资本积累、对外贸易、经济政策和经济增长等相关问题。

斯密在对国民财富的性质细致研究之后，在批判重商主义和重农学派对国民财富的性质错误认识时，提出重商主义对财富金银货币构成这一见解之所以形成，在于货币具有双重作用：一是，货币

---

[1] 参见《发展经济学的先驱》，经济科学出版社，1988版，第70页。

是交易的媒介；二是，货币是衡量商品的价值尺度。既然是交易的媒介，所以人们"总是觉得获取货币是一件要事。只要有货币，以后随便购买什么，都没有困难"①；由于它又是价值的尺度，所以人们"便用各种商品所能换得的货币量，来估计其他各种商品的价值"②。而货币本身的双重作用导致重商主义对财富性质的错误看法，即财富就是金银或货币，致使他们不能真正认识一国的真正财富是一国的"资力"。他说："一个有资力购买金银的国家，如果在任何时候缺乏金银，要想法补足，那就比补足其他任何商品的缺乏都更方便。如果制造业的原料不足，工业必将陷于停顿。如果粮食不足，人民必将为饥饿所苦……无论从哪一方面说，任何一个国家的政府，对于保持或增加国内货币的关心，都是不必要的。"③此后，他又批判重农学派："这种学说最大的谬误，似乎在于把工匠、制造业工人和商人看作全无生产或完全不生产的阶级。"④为此又列出了种种依据，指出重农学派的错误所在。但需要说明的是，斯密对重商主义和重农学派的态度是不同的，他对重农学派的真理性更有所倚重。他强调了重农学派"虽有许多缺点，但在政治经济学这

---

① 亚当·斯密：《国民财富的性质和原因的研究》下卷，商务印书馆，1972版，第1-2页。
② 同上书，第2页。
③ 同上书，第9页。
④ 同上书，第241页。

个题目下发表的许多学说,要以这一学说最接近真理……这一学说把投在土地上的劳动,看作唯一生产性劳动,这方面的见解,未免失之偏狭;但这一学说认为国民财富非由不可消费的货物构成,而由社会劳动每年再生产的可消费的货物构成,并认为,完全自由是使这种每年再生产,能以最大程度增进的唯一有效方法,这种说法无论从哪一点,都是公正而无偏见的"[①]。

斯密站在重商主义和重农学派的理论思想基础上,除了批判其理论缺陷及不足外,又提出了他自己对国民财富的性质的判断,他说:"国民财富就是本国劳动的直接产物,或是用这类产物从外国购进来的物品。"[②]"除了土地天然产生的物品,一切年产物都是生产性劳动的结果。"[③] 对此,我们基本可以把握斯密对国民财富性质的认定。这一点对研究经济问题的所有学者来说,都是极其重要的,后期新古典自由主义学派,以及完全不同意斯密观点的其他学派,包括现当代的经济学流派,不管对其认同与否、分歧多大,都要将国民财富的性质问题阐明交代清楚,这一点是真正解开经济学问题的一把钥匙。而我们站在能量经济学的观点上,也会在后面对此有更为详细的分述和评价,以此来建构能量经济学的完整体系。

---

① 亚当·斯密:《国民财富的性质和原因的研究》下卷,商务印书馆,1972版,第244-245页。
② 同上书,上卷,第1页。
③ 同上书,上卷,第305页。

斯密在研究国民财富的性质以后，自然会进入到诸如人口变动与经济增长，资本积累与经济增长，国外贸易与经济增长，经济政策与经济增长等各个相关环节。

在人口变动与经济增长方面，斯密不同于后来的李嘉图和马尔萨斯的悲观主义论者，他认为人口数量的增加会引起劳动者数量的增加，从而引起经济增长："即使在生产技术不变的情况下，劳动者的人数增加，特别是在一个劳动现场中人数高度密集，必将引起分工，而分工将大大提高劳动生产率。"① 反过来，国民财富的增加也会促进人口增长，在最繁荣、最快变得富裕的国家，情况必然如此。另一方面，一国的财富水平和财富的增长速度，会给人口的发展规定一个限度。同时，斯密在论证人口变动对国民财富增长产生影响时，并没有忘记人口质量对财富增长的重要性，以及教育对于开发智力，提高人口质量的作用。他认为，"一般人民所受教育愈多，愈不受狂热和迷信的诱惑，愈可以提高精神文明程度，更有礼节，更守秩序，更有利于'国泰民安'，从而为国民财富的增长提供更好的环境。"②

在论证资本积累与经济增长时，斯密认为，交换引起了分工，而交换的实现，仰仗于在各个地方储有各色各样的货物，除了要保

---

① 谭崇台：《西方经济发展思想史》，武汉大学出版社，1995年修订版，第35页。
② 亚当·斯密：《国民财富的性质和原因的研究》下卷，商务印书馆，1972版，第37页。

持生产者的生活外,还要提供原材料和生产工具。而在分工之前,必须有资财的蓄积。而且,生产技术得以进步,也必须预先有充分的资本积累。这种解决劳动者、原材料和生产工具,提高因分工和技术的进步带来的劳动效率的提高,必须有资本积累作为保障,这就是资本积累对经济增长的作用。

在论述国外贸易经济增长时,他认为:国际分工通过自由贸易也能促进各国劳动生产力的发展,从而有利于经济增长。同时,对外贸易可以使一国剩余产品实现其价值。这样不仅会促进生产,还会促进消费,增进消费者的利益。这些方面,都会导致经济增长和国民财富的增加。因此,他又是自由贸易的鼓励者和贸易限制的坚定反对者,指出了贸易壁垒对国民经济增长和发展的种种弊端及其危害性。

在论述经济政策与经济增长时,他仍然坚持自己的"自由贸易"观念,而"自由放任"是斯密对经济政策的一贯主张和基本原则。他强调,要增加一个国家的财富,最好的经济政策就是给人们的经济活动以完全的、充分的自由。其理论基础是:个人与自己的资本,只要政府不加干涉,就可以找到最有利的用途,从而就整个社会而言,资本也会得到最合理的配置。在资本使用及配置方面,他曾精彩地论述到:"每一个人处在他当地的地位,显然能判断得比政治家或立法家好得多。如果政治家企图指导私人如何运用他们的资本,那不仅是自寻烦恼地去注意的问题,而且是僭取一种不能放心地委托给任何人，也不能放心地委托之于任何委员会或参议员的权力。把这种权力交给一个大言不惭地、荒唐地自认为有资格行使的人，是再危险也没有了。"[1] "社会的劳动，只能随社会资本的增加而比例增加；社会资本增加多少，又只能看社会能在社会中逐渐节省多少。……管制的直接结果，是减少社会的收入，凡是减少社会收入的措施，一定不会迅速地增加社会的资本；要是听任资本和劳动寻找自然的用途，社会的资本自会迅速地增加。"[2]

最后，斯密对国民经济增长的前景做了分析和预测：①对工资劳动者的需求，必定随着一国收入和资本的增加而增加；②和劳动工资的增减一样，资本利润的增减，也取决于国民财富的增减；③尽管一国还很富有，但国民财富增长的速度会减缓甚至停滞。依据上面的三点分析，斯密认为，经济增长的进程可能出现三种情况，即进步状态、退步状态和静止状态。

以上三种状态又各有其特征。

进步状态的特征是：国民财富增长快速，从而劳动工资高，资本和利润也高。他配举当时的北美为例来说明之。

退步状态的特征是：国民财富萎缩，从而劳动工资低，而资本利润高。配举的是当时的孟加拉国为例。

---

[1] 亚当·斯密：《国民财富的性质和原因的研究》下卷，商务印务馆，1972年版，第2页。

[2] 同上书，第29页。

静止状态的特征是：国民财富停滞不增，从而劳动工资低，资本利润也低。并配举当时的中国为例。

斯密又说："劳动报酬优厚，是国民财富增进的必然结果，同时又是国民财富增进的自然征候。反之，贫穷劳动者生活维持费用不足，是社会停滞不进的征候，而劳动者处于饥饿状态，乃是社会急速退步的征候。"① 他还说："不是在社会达到绝顶富裕的时候，而是处于进步状态并日益富裕的时候，贫穷劳动者，即大多数人民，似乎最幸福、最安乐。在社会静止状态下，境遇是艰难的；在退步状态下，是困苦的。进步状态是社会各阶级快乐旺盛的状态，静止状态是呆滞的状态，而退步状态是悲惨的状态。"② 同时斯密还认为，增长的进程是一个不稳定的动态过程。从均衡状态开始，任何一个向上或向下的移动力量，都会引起连锁反应和循环变动。

以上是概括地描述了亚当·斯密的经济思想及其理论学说。凡是详细阅读过《国富论》的学者都会有一个共同的印象，那就是斯密对经济问题的考察是那样的细密，对经济领域及其背后的原因性质、规律的研究非常具体，对经济本质的穿透力非比寻常，《国富论》一书思维缜密且系统性很强，概括的知识涉及心理学、政治学、哲学、经济学等许多领域。由于《国富论》如此之大的成果，一举奠定了

---

① 亚当·斯密：《国民财富的性质和原因的研究》上卷，商务印书馆，1972版，第62页。

② 同上书，第75—75页。

亚当·斯密在经济学上的巨人地位。无论后来的学者是赞成还是疑惑甚至是反对，都在不同程度上受斯密经济思想的深刻影响，而这种影响与渗透力量，一直延续到今天并未消止。当然，我们对亚当·斯密的赞美不代表崇拜和完全接受，而其理论学说思想的不完整性，以及揭示经济现象后的本质问题的片面性，恰恰是我们能量经济学阐述、分析及论证的重要前提。亚当·斯密经济思想的缺点也是我们能量经济学创新的要点，故就其不足之处，仍然还能启发我们的灵感和判断透视的力度。因此，对这位经济学巨人尊敬的同时，我们对其著述也多说了些。

2.1.2 亚当·斯密后期的古典经济学派的思想、理论及发展

虽然人们有一种印象：李嘉图似乎是一位分配经济学家。但从研究经济领域的基本范畴及经济增长的基本理论和政策建议上来看，他与斯密同属于一个阵营，是古典经济学的自由主义。他们都认为，经济增长表现在物质财富的增长上，而社会财富的增长，取决于劳动数量的扩大和劳动生产率的提高。在国内经济政策方面，主张实行自由放任；在国外贸易政策上，主张实行贸易自由。在李嘉图看来，国家对经济生活的干预，是违反"最大多数人最大幸福"的原则的。就资本配置而言，他与斯密同出一辙。他说："为了普遍的繁荣，对于各种财产的转移和交换所给予的便利，是不会嫌多的。因为通过这样方法，各种资本可以流入最善于利用它来增进国

家生产的人们的手里。"① 在关涉个人利益和幸福原则时,他强调"支配工资的法则,也就是支配每一社会绝大多数人的幸福的法则。工资正像其他契约一样,应当由市场上公平而自由的竞争决定,而决不应当用立法机关的干涉加以统制"②。

对外贸易政策方面,李嘉图以比较成本说,分析了对外贸易的基础。这是比较早期的比较成本优势的雏形。以此为依据,他认为不受干涉的贸易自由,不仅使一国、而且使各国的资源得到最有利于本国的配置,从而有利于积累。他说:"在商业完全自由的机制下,各国都必然把它的资本和劳动用在最有利于本国的用途上。这种个体利益的追求很好地和整体的普通幸福结合在一起。由于鼓励勤勉、奖励智巧、并最有效地利用自然所赋予的各种特殊力量,它使劳动得到最有效和最经济的分配;同时,由于增加生产总额,它使人们都得到好处,并以利害关系和互相交往的共同纽带把文明世界各民族结合成一个统一的社会。"③

李嘉图在致马尔萨斯的一封信中提到:"你认为政治经济学是研究财富起因的性质的,我则认为它应该是研究生产物在参与生产的各个阶段之间的分配。人们不可能制定有关数量的法则,但可能制定相当正确的有关比例的法则。前一个问题的研究是虚妄的,后

---

① 李嘉图:《政治经济学及赋税原理》,商务印书馆,1962版,第131页。
② 同上书,第85页。
③ 同上书,第113页。

一个问题的研究则是这门科学的真正目的。"①这段话已经表明在研究经济学的重点上，他与斯密分道扬镳，他不关心国民财富增长的性质问题，而是关心在不同的社会阶段的各个阶层的比例分配问题，故而后期的学者们会把他当作一位分配经济学家。

由于李嘉图的经济研究重心由生产转向分配，故得出的结论也与斯密差异很大。一是由于土地的数量有限和质量有异，农业生产的报酬是渐减的，而这将对国民经济增长起约束作用；二是农业技术的进步，只能短期地、间歇地提高生产，而长期来看不能扭转报酬渐减的趋势；三是他理解生产发展的长期趋势是：工业生产的报酬渐增，农业生产的报酬渐减。在所有的土地都被耕种之后，农业的报酬渐减趋势将压倒工业的报酬渐增趋势。结果，从某一个历史阶段起，经济增长将逐渐放慢，而且越来越慢。就李嘉图总结的这个发展趋势来说，我们可以把他列入悲观的经济学家之列。

与李嘉图、马尔萨斯、萨伊同时代的西斯蒙蒂（Jean-Charles-Leonardde Sismondi，1773—1842）更有意思，他的经济学思想前后跨度转变非常之大。1803年他出版的《论商业财富》一书是极力拥护斯密的《国富论》的思想学说的，但事隔16年之后，他的经济学的代表作《政治经济学原理》一反常态，成了斯密学说的反对者和自由放任与自由竞争学说的批判者。他在书中这样表述："我越往

---

① P,Sraffa, eds., *The works and Corresponclence of David Ricardo*, Vol. VIII, Cambridge University Press, P278.

深处钻研，就越相信我对亚当·斯密的学说所作的修正是必要和正确的。从新的观点来看，这门科学中以前种种隐晦之处便昭然若揭，我的原理为我解答了我完全不曾预料到的许多困难问题。"① 造成西斯蒙蒂这种观点重大转向的原因，也许是英国 19 世纪初因经济增长过程中收入分配两极分化，而导致的两次经济危机的爆发现实的观察和启示。

《西方经济发展思想史》一书中对西斯蒙蒂与英国古典经济学在经济增长与经济发展问题上的根本分歧总结为："①对财富增长的目的进行了检讨，反对李嘉图为生产而生产，为增长而增长的观点，认为经济增长是手段，社会的每个成员的物质福利的改进才是目的。他在对财富增长的分析中，注入了大量对人类福利的关注的规范性的思考。②反对消费能力必然经常随着生产能力增加而增加、供给能够创造自身需求的观点，认为在资本主义自由竞争制度下，资本积累在推动生产不断增长的同时，必然会使劳动阶级的收入下降，导致消费不足，从而出现生产大于消费的、总供给大于总需求的、普遍过剩的经济危机。③对自由竞争、自由放任最有利于生产发展和经济增长的学说和利己主义的自发功利作用产生了怀疑，并且对这种学说的哲学基础进行了批判，一再呼吁和主张政府干预经济生

---

① 西斯蒙蒂：《政治经济学新原理》，商务印书馆，1983 年版，第 16 页。

活。"① 可以肯定的是西斯蒙蒂的观念转向关涉个人切身利益的幸福是没有错的，这也是我们能量经济学始终关注的目的。在其后的著述中我们将以人生幸福为唯一宗旨来展开能量经济学相关的学术思想，此处暂不论述。而西斯蒙蒂总结的其他两点也不是一无是处，因为都是现实矛盾显现出来的。就西斯蒙蒂来看，李嘉图的理论"财富就是一切，而人是微不足道的"②批判也同时影射到斯密身上，这种说法有欠公允，因为他们关注国民财富的增长也间接影响国民的幸福。但其合理性的一面是，尽管一国的物质增加了，而人民的物质福利没有随之改善，这也是今天的经济学家们指出的"有增长而无发展"的问题所在。

西斯蒙蒂极力呼吁国家干预，他认为自由放任和自由竞争政策在迅速增加物质财富方面是有利的，但是要在物质财富增加的同时，使民众的福利得到改进，就必须依靠国家干预，而不能将这一目的实现全部委托给完全自由竞争的市场机制。因此，他不无深情地说："从政府的事业来看，人们的物质福利是政治经济学的对象。"③ "为了使这种分配更为合理，分配均衡，我们几乎始终呼吁亚当·斯密

---

① 谭崇台主编：《西方经济发展思想史》，武汉大学出版社，1995年修订本，第61-62页。
② 西斯蒙蒂：《政治经济学新原理》，商务印书馆，1983年版，第457页脚注①。
③ 同上书，第22页。

所摒弃的政府干预。"[1]

西斯蒙蒂对政府干预一往情深,认为在完全自由竞争的条件下,个人利益常常是与社会利益相矛盾的,个人利益的实现可能会以损害他们的和社会的利益为代价。他批判了自由放任和自由竞争经济学的哲学基础。他说:"包括在所有其他人的利益中的个人利益确实是公共福利;但是,每个人不顾别人的利益而追求个人的利益,同样,他自己力量的发展并不包括在与他力量相等的其他人的力量之内,于是最强有力的人就会得到自己所要的利益,而弱者的利益将失去保障;因为人们的政治目的就在于少损失多得利。……个人利益乃是一种强取的利益,个人利益常常促使人们追求违反最大多数人的利益,甚至归根结底可以说是违反全人类的利益。"[2]西斯蒙蒂的上述观点与斯密关于"经济人"和"看不见的手"的论述是针锋相对的,他对利己主义的自发功利作用完全持否定态度。[3]

西斯蒙蒂在抱定这样的哲学思维下,认为:"商业财富的发展不需要政府干预的说法是绝对不正确的,政府对商业财富发展的自由竞争完全任其自流,并不会因此就杜绝某种压迫或多数人免遭过分的痛苦……如果政府对财富的期望加以调节和节制,它就可能成

---

[1] 西斯蒙蒂:《政治经济学新原理》,商务印书馆,1983年版,第46页。
[2] 同上书,第243页。
[3] 谭崇台主编:《西方经济发展思想史》,武汉大学出版社,1995年修订本,第75页。

为一个无限慈善的政府。"①从与同时代的自由主义经济学家的论战中，可以看出他在此问题上越来越远。严格地讲，西斯蒙蒂并未认清经济学的本质，在纷乱复杂的经济现象中他也没有把握到规律和实质，于是产生了许多不合实际的幻想。也许当初在欧洲出现诸多"乌托邦"式的空想理论家都是因为这样的哲学基础，这已大大背离了人们生活主旋律的现实结构，从一个极端走向了另一个极端。

从经济发展和经济思想学说的历史长河中，可以窥见最基本的经济思想，无非有两大倾向，两大思潮，即经济自由主义和国家干预主义。这两种思想像黑白的两股绳子拧在一起，总是难舍难分地缠绕着。而以斯密为代表的经济自由主义一直是西方经济发展的主流，作为西斯蒙蒂以及其后的包括凯恩斯在内的国家干预主义也时不时地登上历史和政治的舞台，他们的交锋一开始就难解难分，各自发出自己最为强烈的心声。处于经济生活中的人们，实在是难以分清谁对谁错，这种矛盾也不停地抨击着每位研究经济学者的心灵。但没关系，能量经济学也会用不同于别人的崭新观点，来试图解开这一对让人困惑已久的问题，这些也是能量经济学承担的最为重要的任务之一。

让-巴蒂斯特·萨伊（Jean-Baptiste Say，1769—1832）是一位法国经济学家，他是斯密学说在欧洲大陆的继承者和传播者，其

---

① 西斯蒙蒂：《政治经济学新原理》，商务印书馆，1983年版，第246页。

学说理论在19世纪的大部分时间统治法国官方经济学的讲台。而萨伊坚持认定，寻找决定一个国家财富增长和经济繁荣的原因，首先得明确财富的性质。这是因为当财富本质的明确概念还没有形成时，是不能理解国家繁荣的原因的。也许，研究经济领域的专家学者，如果也一直坚持萨伊（当然也是斯密的）这一最为重要的观点时，可能许多思想矛盾就会迎刃而解。

关于财富的性质，其实萨伊并没有生搬照抄斯密的思想，而是向前深深地迈了一大步，他说："我把物品满足人类需要的内在力量叫做效用。……创造具有任何效用的物品，就等于创造财富。这是因为物品的效用就是物品价值的基础，而物品的价值就是财富构成的。"[1]"物质不是人力所能创造的，而物质的量也不会忽增忽减……人力所能做到的，只不过是改变已经存在的物质形态。所改成的新形态，或提供此前所不具有的效用，或只扩大原有的效用。因此，人力所创造的不是物质而是效用。这种创造我叫做财富的创造。"[2]萨伊这一段关于财富性质的描述非常精彩，有些接近于我们后期所论述的能量经济学，但因萨伊主张的"效用"一说与"能量"仍差别较大，故其理论的范畴仍很狭窄，仍未彻底解决经济学上的各种矛盾的观点。而萨伊强调的"物质不是人力所能创造的，而物

---

[1] 萨伊：《政治经济学概论》，商务印书馆，1982年版，第59页。
[2] 同上书，第59页。

质的量也不会忽增忽减"之语，估计许多人并不能十分明白，因为这与人们的生活常识相距很远。能量经济学说中也存在这一原理，人们现在看到的所谓物质的形态（权且称为物体）只不过是能量的反映，而能量的确不能被创造，也不会忽增忽减，只是在不同形态间转移而已，故符合能量守恒定律，有关这一观点的详细论证将在后期逐步展开。

当萨伊以他本人的观念看清财富的性质后，自然可以分析阐明决定财富生产的因素。他把财富的生产"归因于劳动、资本和自然力这三者的作用和协力，其中以能耕种的土地为最重要的因素但不是唯一因素"。① 于是，萨伊从两个方面分析了创造财富的劳动：是农业劳动、工业劳动和商业劳动。这说明工业、农业和商业都是创造财富的部门，是财富的源泉。他的原话表述是："一个国家的每年生产量，不仅仅在于它的农业净产量，而在于他的农业、工业和商业的总生产量。"② 其次，萨伊还从产品综合生产过程分析了创造财富的劳动力：①研究关于生产某种产品的规律和自然趋势的哲学家或科学家的劳动；②把这些科学知识运用于创造有用产品的企业家的劳动；③在前两类人的指挥与管理下提供执行力量的工人的劳动。与上述过程相对应，"可把劳动区分为三种：理论、应用

---

① 萨伊：《政治经济学概论》，商务印书馆，1982年版，第75-76页。
② 同上书，第68页。

和指引。一个国家非在这三方面都优越不可，否则劳动就达不到十全十美的地位。一个民族如果在哪一方面有缺陷，就得不到产品，产品是而且必定是这三种劳动的综合成果。"①

萨伊认为限制经济增长的因素不是土地，而是资本。他认为资本必须与劳动协作才能生产产品。具体表现有三：①劳动者在生产过程中使用的工具；②从事生产的劳动者生活费用；③劳动者在生产过程中使用的原料。当资本在萨伊这里显得如此关键和重要时，他自然就会关注到资本形成和增长的条件："①人们改善境况的愿望。它是驱使人们节省开支，累积资本从而促进生产，推动国家富裕和文明的动机。节约不论对公众，还是对政府都是美德。萨伊批评了西斯蒙蒂和马尔萨斯认为储蓄会限制和妨害消费，从而影响生产的观点。他说：'只要把储蓄的东西再投资生利或用于生产方面，任何储蓄行为都不至减少消费量。相反地，它却会永远地或重复地引起我们消费。'②②对财产所有权的保护和社会的安宁。人们能安稳地享有自己的各种生产要素所带来的收益，包括较低的和有规则的税收，乃是诱使人们把这些生产要素投入生产的最有力的动机和重要保证。③产业的发达。由于产业的发达，一方面人们可以找到许多更经济地使用资本的方法；另一方面资本的报酬会更高、更

---

① 萨伊：《政治经济学概论》，商务印书馆，1982年版，第81页。
② 同上书，第116页。

安全，这会促进资本的积累。④以收取、聚集和利用个人小额储蓄的银行和金融机构的建立与扩大，也非常有利于资本积累。"① 与萨伊对财富的性质即物品的效用一脉相承，在总供给和总需求与经济增长方面，他无疑是专注供给的经济学家。他认为在需求方面不可能构成经济增长的障碍，从根本上讲经济停滞和增长缓慢只能是供给乏力引起的。在总供给和总需求的相互作用中，总供给是启动和决定的力量，这就是经济学中所谓的"萨伊定律"。广泛一点的解释是，经济中各个部门、各个行业和各个地区是互为市场的，一个部门、行业和地区的发展会给其他部门、行业和地区的产品提供市场和需求。即为了达到总供给和总需求的平衡，各个部门必须要按一定比例来进行投资，从而使各部门保持平衡增长。平衡增长论者纳克斯认为，平衡增长的理论依据来源于"萨伊定律"。萨伊认为总供给发生过剩，是由外部因素导致市场机制失灵的结果。供给与需求均衡的恢复不是政府干涉的结果，而是市场机制作用的结果。故萨伊与斯密一致，主张自由竞争、自由贸易，并鼓励储蓄和刺激供给。他经常使用尖利的语言来批判政府对经济的干涉，批评政府对自由竞争和利己主义原则的破坏。他还指出："政府影响生产的企图，一般有两种目的：使人们生产它认为比其他更有益的东西，

---

① 谭崇台主编：《西方经济发展思想史》，武汉大学出版社，1995年修订本，第83页。

使人们来用它认为比其他更适当的方法。"①这两点政府显然是无能为力的。但他也没有极端排除政府的所有行为,相反他认为政府应当执行最有利的税收政策:①确定最适度的税率;②提高税收制度的效率;③注意税收的公平负担;④在最小程度上妨害再生产的税收;⑤税收要有利于国民道德,有利于普及对社会有用或有益的习惯。严格说来,萨伊以上的税政五点自然是现在政府需要研究和适当改善的重大课题。同时,他还希望政府在经济发展中必须承担如下责任:"①保护财产所有权不受侵害和社会安宁。财产的不受侵犯有三层含义:第一,保证财产所有权的实际稳定性,只有这样,各种生产要素,才能发挥最大生产能力;第二,生产要素的所有者能安稳地享有其生产要素所带来的收入,这是诱使人们把生产要素投于生产用途的最有力动机;第三,人们有自由运用生产要素进行生产活动的权利,只有这样生产要素才能发挥最大效率。萨伊认为,维护社会治安比尊重财产所有权更重要,因为财产所有权的安全依存于社会的安宁。他把保证人身和财产的安全,看成是政府使用鼓励生产的一切方法中最有效的手段。②通过计划周详、办理妥善和维修得当的公共工程,特别是公路、运河、港口等等强有力地刺激私人生产力,便能在生产费用的节省上产生难以估计的价值。③创办各类学校、图书馆、博物馆,主持大型的科学研究和促进科学知

---

① 萨伊:《政治经济学概论》,商务印书馆,1982年版,第154页。

识的传播，也有利于财富的增长。④政府制订政策防止明显地有害其他生产事业或公共安全的欺诈行为的发生，而不是指定产品的性质和制造方法的管理也是有益和正当的。例如，对关系到人民生命安全的各类医生、药剂师的业务技能的考核和资格的审查；还有重要军事工业的生产与管理。⑤保护消费者利益和国家的商誉，禁止厂商滥登名不符实的广告。⑥政府在节制消费和鼓励储蓄方面也可以起到重要作用。"[①] 简要介绍萨伊的经济发展思想后，我们仍然能够发现两点：第一，西方工业革命导致的经济繁荣，在200年前已经颇为壮观，让这些思想家们能够依据观察来挖掘深刻的经济规律。他们所想所行乃至理论的完成又是那样全面和深刻，于我们今天发展经济仍然有许多借鉴之处。第二，思想的力量极其巨大，由思想深度和广度所形成的理论体系的传播，又深深地影响着国家和世界，同时影响着人们的日常生活。而能量经济学所强调的重中之重就是这种思想的能量，以及这种能量的传播效用。完善的经济学思想如此深刻和有力，足以振兴一个民族和国家。故萨伊的理论之所以能统治法国官方经济学的讲台，当然是他的《政治经济学概论》一书中所发现的思想的力量使然。

在传统经济思想史上，很少有一种理论像马尔萨斯的人口理论那样引起如此广泛和持久的争议。他于1803年出版的《人口原理》

---

① 谭崇台主编：《西方经济发展思想史》，武汉大学出版社，1995年修订本，第83页。

和1820年出版的《政治经济学原理》集中反映了他的经济发展思想，尤其是马尔萨斯的"人口陷阱"更是让人耳熟能详。鉴于他所处的现实角度以及对人口和经济关系等规律的认识不足，也导致了马尔萨斯是经济学上的悲观主义者。

有时马尔萨斯的理论又是自相矛盾的，他在说明一个国家经济增长的原因时，强调的是需求；而在分析经济增长时，把重点放在供给方面；在论述一个国家贫穷原因时，则用人口增长和消费增长的比例关系来说明。马尔萨斯的理论中似乎只有停滞，而难以看到增长：①人口增长与生活资料增长的失衡引起的停滞；②在经济发展的初期，由于有效的需求缺乏，即总供给与总需求失衡引起的经济停滞。这些都反映出他对人口增长的一种担忧，那么，限制人口快速增长，对人口进行约束，来调节经济发展平衡自然就成了他的经济对策。这些无疑对当今的经济发展也有借鉴意义，但不是经济发展思想的主流。

纳骚·威廉·西尼尔（Nassau William Senior，1790—1864）及其代表作《政治经济学大纲》（1836年）中最为实用的经济思想是对人力资本的强调和论述。他同样把财富的性质、生产和分配确定为政治经济学研究的对象。他的眼光与他之前的经济学家相比，是显耀在人力资本对经济增长与经济发展的启动作用和决定作用上，而以往的学者多注意在物上，这个转变是深刻和能动的。他把人力资本称为个人资本、无形资本或精神资本，而将物质资本称为有形资本，并认为人力资本的形成主要是教育的结果。为此，他提出了一个响亮的命题："知识就是财富"，"一切事业中最重要的是教育"①。大家熟知英国著名哲学家培根的一句名言："知识就是力量"，两相比较就可以看出：知识就是财富←→知识就是力量←→力量就是财富。这已经切入到我们后面论述的能量经济学的核心——财富就是能量的反映。西尼尔这一目光的转变是深邃的，我们将在能量经济学的原理和应用中广为论述。

既然西尼尔已经正确认识到财富的本质，那么他自然会注意观察和专门研究人力资本在经济增长中的贡献情况，为此他说："就我们现在的文化状态说——比较起来这已经算是很高的，但是跟我们可以想象得到的、甚至跟我们自信可以盼望得到的状态比起来，还差得很远——我们智力和精神的资本，不但在重要意义上，甚至在生产力上，都已远远超过有形资本……大部分国民收入是利润；而利润中单是属于有形资本的利息的那个部分大概不到三分之一，其余是个人资本也就是教育的成果。决定国家财富的，并不是土壤或气候的偶然性，也不是生产的有形手段的现有积累，而是这种无形资本的量及其普及程度。"②

1960年，舒尔茨以美国经济学会会长的身份在经济学年会上发

---

① 西尼尔：《政治经济学大纲》，商务印书馆，1977年版，第323页。
② 同上书，第202页。

表了题为《人力资本的投资》的演讲。在这次演讲中，舒尔茨认为，过去人们总以为经济增长必须依赖物质资本和劳动力增加，并把劳动看成是同质的。而根据他的研究，人力资本即人的知识、能力、健康等，它的质量的提高，对经济增长的贡献远比物质资本和劳动力数量的增加重要。舒尔茨这段讲话与100多年前的西尼尔的人力资本有惊人的相似。瑞典皇家科学院在授予舒尔茨诺贝尔经济学奖的公告中称："舒尔茨是研究人力资本理论的先驱者。"但当我们梳理过去古典经济学派的经济思想时，你会发现西尼尔才应该被看成是研究人力资本理论的先驱。如果进入能量经济学的更为广阔的视角，你会更加惊奇的发现中国早在几千年以前就比较完整、深刻阐明人力资本了，这在我们后面的说明中会陆续涉及到。

同为发展经济学方面的当代经济学家罗斯托对约翰·斯图亚特·穆勒（John Stuart Mill，1806——1873）评价很高，他认为穆勒的经济增长和发展理论开创了一个新的时代。穆勒基本上承袭了斯密和李嘉图的看法，认为经济学研究的主体是财富。政治经济学的著作家应当以传授或研究财富的性质和财富的生产与分配的规律为其职责。故经济增长与经济发展的理论是穆勒经济学说的中心。他也肯定资本对经济增长起决定性的作用。同时，穆勒还详细考察了影响诸生产要素的生产率的因素，比如自然和气候条件、劳动者的素质、社会条件、劳动合作、企业的规模等等，来细致说明对生产力的作用和意义。并且肯定影响和制约经济增长的两个因素，一是资本的不足，二是土地的不足。并对资本约束型经济和土地约束型经济的发展提供理论对策。涉及工业与农业之间的发展变化及其相互间的贸易条件的变动，以及收入分配对经济增长的影响，他也一并作了深入考察和研究，由此提出了经济增长与社会发展之间的关系。他说："所谓社会经济进步，通常指的是资本的增加、人口的增加以及生产技术的改进。但是，人们在思考任何一种有限的前进运动时，往往并不仅仅满足于探索运动的规律，而会不自主地进一步问道：这种运动会把我们带向何方？产生进步正把社会引向什么样的终点？当进步停止时，人类会处在何种状况？"[1]"一些人认为，人类生活的正常状态就是生存竞争，认为相互倾轧和相互斗争史激励人心的社会生活，是人类的最佳命运，而绝不是产业进步诸阶段的可恶象征，坦白地说，我不欣赏这种生活理念。这种状态也许是文明进步的一个必要阶段……但是，这种状态并不是未来的博爱主义者们想要帮助实现的那种完美的社会状态……对于人类的本性来说，最良好的状态终究是，没有一个贫穷，没有人想比别人更富有，因而谁都没有理由害怕其他人努力向前，而把自己抛在后面。"[2]按照穆勒这种美好的图景和人类固有的本性现实，就自然发生出这样两个观点：一是自由放任与国家干预相结合的适度干预论；二是

---

[1] J·S·Mill, *Principles of Political Economy.Iongman*.1926.P.746.
[2] 同上书，P.748.

私营经济和国营经济并存的混合经济观。带着如此温和的中道观点，则预想到经济的增长最终将把社会带入静止状态。当然，他所说的静止不是以忧伤和恐惧的目光来看待的，而是人类社会的理想状态。

弗里德里希·李斯特（Friedrich List，1789—1846）是经济学界的极其特别的人物，人们把他放入德国历史学派的丛林中，且称李斯特为该学派的先驱人物之一。他同西方主流经济学发生过激烈的论战，因而被西方主流经济学界视为异端，但李斯特独特的思想理论及研究方法，开辟了经济增长和经济发展独到而又精辟的见解，对德国经济的影响是巨大的。因为李斯特的经济思想与传统主流的斯密为代表的西方古典经济学派格格不入，我们先不在此节予以介绍，而会将此纳入到能量经济学中加以考察对比和说明。

威廉·罗雪尔（Wilhelm Roscher，1817—1894）则不同于李斯特，经济学说史的研究者们对罗雪尔的著作《历史方法的国民经济学讲义大纲》和《国民经济学原理》研究发现，其内容和建构就像是对斯密、李嘉图、穆勒、马尔萨斯、西斯蒙蒂以及萨伊等人若干理论观点和见解的拼凑，并无什么独特的创建。但却得到当代经济学家 H·斯皮格尔、熊彼特和施穆勒的高度赞扬。施穆勒认为罗雪尔"为所有后起的德国学者开辟了一条新的道路"，"罗雪尔的贡献是巨大的和划时代的"[①]。斯皮格尔认为"罗雪尔的学识是渊博

---

① 季陶达主编：《资产阶级庸俗政治经济学选辑》，商务印书馆，1963年版，第365页。

的"①。熊彼特则在他的巨著《经济分析史》称,罗雪尔的理论是"专业学识的具体体现",他是一位"学院经济学舞台上的主角"②,"就罗雪尔的分析工具而言",则"是一位卓有功勋的英国'古典经济学'的追随者,尽管他碰巧成了一位对历史描述具有某种强烈嗜好的追随者"③。这些评价足以给罗雪尔很高的荣誉,也许是他对各家之言能兼容并蓄的大度的缘故,经济学界的思想家们仁者见仁、智者见智无非是与自身的思想需求有关。

罗雪尔经济发展思想包括:有关经济发展是国民经济学研究对象的见解、对经济发展阶段的划分、关于生产要素投入与经济发展关系的分析、关于国际贸易和工业保护制度的看法等,是将国民经济发展及其规律的认识作为其贯穿始终的主线,"就国民经济学或政治经济学来说,我们的理解是,它是论述一个国家经济发展诸规律或论述国民经济生活的科学。"④增进国家富强是他的研究核心,并把财富区别为"财货"和"富有"两个不同的概念。他说:"所

---

① H·Spiegel, *The Growth of Economic Thought*, Duke Unirersity Press, 1983. P.421

② J·A·Schumpeter, *History of Economic Analysis*, Oxford Unirersity Press, 1986. P.809.

③ J·A·Schumpeter, *History of Economic Analysis*, Oxford Unirersity Press, 1986. P.508.

④ 罗雪尔:《国民经济学体系》,第13版第1卷《政治经济学原理》(*Grund Lagen der Nationalokonomie*),1878年英文版,第87页。

谓财货,是指一切可以满足人们欲望的东西。"①而"富有"呢？"所谓富有,是指大量财产。所谓大量是指所有者的欲望而言,是指同类人们的财产状况而言。"②罗雪尔一再宣称,他的国民经济体系中应用了不同于英国古典经济学的方法,即历史的方法。原因是研究国民经济规律及国民生活总是在历史中变化发展的,故历史的方法是国民经济学研究对象相适应的最佳方法。而历史的方法区别于以往古典经济学使用演绎来构建其理论体系,比如用"所有的人在本性上都是相同的"③等一系列抽象概念为依据,却忽视了人们"是为很不相同的和非经济的动机所驱使,并且是归属于完全一定的民族、国家和时代"④,历史的方法不主张对任何一种经济制度较易地一概颂扬或一律否定,而在于解释为什么以及如何会发生由"理性变成荒谬、恩惠转为苦恼"⑤的原因及其过程。罗雪尔认为,国民经济的发展或国民生活在机理上如同生物界一样,要经过四个发展过程,即年幼期、青年期（开花期）、成年期（成熟期）和老年期（衰老期）,还列举了说明一国达到繁荣的顶点之后何以不可避

---

① 罗雪尔：《历史方法的国民经济学讲义大纲》,商务印书馆,1981年版,第12-13页。
② 同上书,第13页。
③ 同上书,第13页。
④ W. Roscher, *Principles of Pocitical Economy*, Vol. I. 1878. P 105–106.
⑤ 罗雪尔：《历史方法的国民经济学讲义大纲》,商务印书馆,1981年版,第110页。

免地趋于衰落的理由,从而断言,任何国家都不可能永无止境地持续发展是一个"既不能证实又无可否定的命题"。[①] 罗雪尔还从心理上和道德上对引起国民经济衰落的内部原因做出解释。他认为,成功本身会带来空虚;一般而论,芸芸众生追求的是物质利益而很少怀有崇高理想,尤其是人口过多和资本过剩的情况下,国民道德愈加受到损害。在他看来,那些历史上消亡了的国家,确切地说并非因为它们遭到破坏,而是因为它们丧失了其原有的国民性。工业国家要谋求新的发展,势必要触动某些既得利益阶级,这些阶级势必反对改革,并设法推迟改革的进度。在某些情况下,改革被迫害的时间一旦拖得很长,又将毒化国民的心理并使之陷入麻木状态,最终导致国民既无进取意愿又无进取的力量。

罗雪尔从历史的角度持续关注国民经济的发展,他提出了宏观经济和微观方向的衡量指标,同当代发展经济学家I·阿德尔曼和M·莫里斯的经济发展综合指标以及F·哈尔逊、J·马鲁尼克的经济福利和生活水平综合指标有许多相近之处。如"发展中"、"不发达"、"欠发达"的区域发展指标,及食品数量和质量等消费指标,以及平均寿命、出生率和婴儿死亡率的预期寿命指标,来衡量国民经济发展的状况。罗雪尔既然将触角延伸到宏观的、动态的、长期的人类进化各阶段与国民经济分析之中,那他就自然清楚累积力量

---

① 罗雪尔:《历史方法的国民经济学讲义大纲》,商务印书馆,1981年版,第384页。

所促成的发展观,这一点也接近了我们后期能量经济学的运用层次。而这种观察视角又必然强调政府的作用,造成他把公共经济用政治学联系起来,认为对经济问题的理解离不开政治因素,"必须同样强调国民经济学的政治方面和经济方面"。[①]那么在经济发展中应当实施国家干预自然且合理,"正如生理学家不理解大脑的机能就无法理解人体的机能一样,假如我们撇开国家这个在所有经济中最重要的、而且是从未间断和不可抗拒地对所有其他经济发生作用的经济,我们就无法掌握国民经济的有机的整体"。[②]

古斯塔夫·施穆勒(Gustav Schmoller 1838—1917)也被称为德国新历史学派主要代表人物,并认为他把德国历史学派的方法论研究推向其最高发展形态,还创立了对后来的经济学分析工具的发展具有深远影响的历史——经验的分析的方法。当罗雪尔批评古典经济学理论体系时尚能加以借鉴和应用,而施穆勒用历史探讨、制度分析和政策分析来完全取代古典主义和新古典主义的经济学理论,也被主流学派当作异端屡屡遭到最激烈的抨击。鉴于施穆勒的学说体系与古典主义的分歧太大,我们也不在此节做介绍。对于他著作中体现的许多闪光的思想,也准备放在能量经济学的范畴内去观察和评价。

---

① 罗雪尔:《历史方法的国民经济学讲义大纲》,商务印书馆,1981年版,第15页。

② W. Roscher, *Principles of Pocitical Economy*, Vol. I. 1878.P 91–92..

J. B. 克拉克（John Bates Clark，1847—1938）于1899年出版的《财富的分配》为他获得了国际声誉。该书被认为在经济学说史上第一次提出了完整的新古典主义分配理论——边际生产力分配。但克拉克常常把自己的经济学称为社会经济动态学，这是因为他更加看重长期的经济变动和经济进步，而非短期的分配和效率。对此他的明确表述是："一个状态不可能如此之好，以至于缺乏进步也不会使它枯萎；它也不可能如此之坏，以至于进步的事实也不会拯救它……对经济制度的决定性检验是运动的速度和方向。"[1]而这个"运动的速度和方向"是受人口增长和资本积累等因素共同决定的。其中，资本积累促进社会的增长和发展，人口增长则起着相反的作用。如果资本积累快于人口增长，则社会就进步；反之则反是。

对此 J. B. 克拉克提出两个规律：一是人口增长随社会进步而放慢的人口规律；二是资本积累随社会进步而加快的资本积累规律。

J. B. 克拉克的著作中还有一个让人称道是他很早就将社会经济划分为"中心区域"（Central ragion）和"外围区域"（environing region），中心区域具有充分的自由竞争，人口、资本以及技术等等都可以充分地自由流动，中心是一个有机的整体，他的各个部分的关系非常紧密。与此相反，"外围区域"各个部门关系比较松散，在那里人口、资本以及技术等的流动缓慢，对经济变化反应非常迟

---

[1] J. B. Clark, *The Theory of Economic Progress, American Economic Association: Economic Studies* I, April 1896.P. 1–22.

钝，这种划分就是今天表现的发达国家和发展中国家乃至落后国家，以及发达城市和落后地区的差别。其中，有五种要素影响中心经济的发展，一是人口的增长；二是资本的积累；三是技术的进步；四是组织的改善；五是欲望的变化。前四项因素"影响社会的生产力"，后一项因素"决定生产力如何使用。"[①] 最后 J. B. 克拉克对经济发展表现为乐观的姿态。他反对马尔萨斯的人口论思想，认为经济增长会减缓人口增长的速度，中心区域的资本积累和经济增长会带动外围区域的经济发展。

阿弗里德·马歇尔（Alfred Marshall，1842—1924）的代表作是《经济学原理》，主要关注的是静态的价格决定、收入分配、资源配置等问题，即从供求关系决定价格出发来进行局部均衡分析。认为一种商品的价格，在条件不变的情况下，是由该商品的需求和供给决定的，也就是说，商品的均衡价格是它的需求价格和供给价格相一致的价格。而这种均衡的方法也适用于分配原则，认为一种生产要素的价格是由它的生产力和边际成本决定的。建立在局部均衡分析基础上的均衡价格论是马歇尔经济理论的核心，也是今日西方微观经济学分析的基础。

当然，马歇尔也早就认识到，把经济现象看作静态均衡是一种力学的机械分析，这种分析不符合经济现象，经济应该是"有机增长"

[①] J. B. Clark, *The Theory of Economic Progress*, American Economic Association: Economic Studies I, April 1896.P. 557.

的现实，他由此产生了建立"经济生物学"的想法，接受生物学中达尔文进化论的观点，看到经济发展中的渐进性和连续性，声称"自然不能飞跃"这一命题对于研究经济学的基础特别适合。在《经济学原理》第8版序言中，他有一段对西方经济学发展理论影响很大的话："经济进步有时由于政治上的事变而停顿或倒退，但是，它的前进运动绝不是突然的，因为，即使西方和日本，它们也是以部分自觉与部分不自觉的习惯为基础的。天才的发明家、组织者或财政家虽然似乎可以一举而改变一个民族的经济结构，但是，它不纯然是表面的和暂时的那一部分影响，一经研究就可知道，也不外乎是使得很久已在准备中的广泛的建设性的运动（movement）达到成熟而已。……'自然不能飞跃'这句格言，对于研究经济学的基础之书尤为适合。"[①] 马歇尔关于静态的价格均衡理论与动态的连续的和谐的社会经济有机体的变化无疑是受牛顿力学和达尔文生物进化论的双重影响形成的。而考察分析社会经济本身也的确需要静态和动态相互结合的眼光，后来，承袭马歇尔思想的新古典主义经济学家把马歇尔的经济发展观分解为三点内容：①经济发展是一个渐进的、连续的过程，从而政策效果依靠边际调节；②经济发展是一个和谐的累积的过程，它的进行依靠自动的均衡机制；③经济发展的前景是令人乐观的，通过扩散效应和涓流效应，增长会自然而然

---

① 马歇尔：《经济学原理》上卷，商务印书馆1983年版，第17–18页。

地带来良好的发展。

既然马歇尔认为劳动力是经济增长的决定因素之一，当然他会关注人口的数量和素质，并主张通过教育和培训来开发人力资源，他十分强调普通教育的重要性，认为不同的职业诚然需要不同的特殊的技能，但首先必不可少的是孜孜不倦的精神，而这种精神只有通过长期的教育才能养成。他对科学知识的论断也与众不同，认为科学知识不仅是一国的财富，而且是世界的财富。他说："德国经济学家往往看重国家财富中的非物质因素；在关于国家财富的有些问题上这样做是对的，但却不能在一切问题上都这样做。科学的知识，不管在哪里发现，的确不久就会变成整个文明世界的财产，并且可以被认为是世界的财富，而不光是一国的财富。"[①]

维克赛尔（Knut Wicksell，1851—1926）是瑞典学派的奠基人，他的《利息与价格》（1898年）和《国民经济学讲义》（1906年）创立了一个新货币理论——累积过程学说，在西方经济学界颇有影响。

人所熟知资本积累是经济增长的主要源泉，货币又是资本一般等价物的表现形式，当然会影响实际经济变量。维克赛尔早就认识到了货币和信用具有促进资本积累的作用，而不仅仅把货币看作是覆盖于实物经济上的面纱和经济运行过程中的润滑剂。他指出："在实际经

---

① 马歇尔：《经济学原理》上卷，商务印书馆1983年版，第79页。

济情况中，一切交换、投资或资本转移在事实上都是通过货币实现的。……货币的使用（或滥用）可在实际上积极地影响着实物交换和资本交易。滥用货币（如政府纸币））——这的确是常常发生的——可破坏大量的实物资本并使社会的整个生活陷于绝望的混乱。但另一方面通过货币的合理使用，实际又可以积极地促进实物资本的积累和一般生产的增加。……使用还给资本提供最大可能的生产力。"[1]货币对资本积累和经济增长的促进过程是怎样的？《西方经济发展思想史》一书对维克赛尔的观点总结如下："在现代银行信用制度下，作为价值储藏手段的货币对资本积累具有双重作用：一方面，把储蓄的货币迅速贷放于生产性企业，从而把社会产品中的一部分消费品转变为投资品；另一方面，通过增加货币流通量来提高物价，降低公众手中货币的购买力，从而迫使消费减少，引诱投资增加。"[2]维克赛尔创立的累积过程理论是关于利率与价格水平关系的理论。他对累积过程总结如下："在任何时候，在任何经济情况下，总有一定的平均利率水平。……这个我们称作正常利率（即自然利率）。……如果为了任何原因，将平均利率规定并保持在这个正常水平以下时，其间的差距不论怎样微小，价格将上涨，而且不断地上涨；……另一方面，如果将利率保持在自然利率现时水平以上，其差距不论怎样微小，价格将不断下跌，

---

[1] 维克赛尔：《国民经济学讲义》，上海译文出版社，1983年版，第214页。
[2] 谭崇台主编：《西方经济发展思想史》，武汉大学出版社，1995年修订本，第313页。

第二章 文献综述部分

而且并无限制。"① 将维克赛尔描述的累积过程可总结如下：当货币利率低于自然利率时，价格水平将上涨，而且累积性地上涨；反之，当货币利率高于自然利率时，价格水平将趋于下降，而且累积性地下降。

20世纪初维克赛尔能如此关注到货币对促进资本积累的作用及利率与价格的相互关系可以说是独步经济学界的，将传统货币的数量说大大向前推进了一步。但他挖掘货币的本身具有的能量还远远不够，即使后来的缪尔达尔的《货币均衡论》，林达尔的《货币和资本理论研究》以及伦德堡的《经济扩张理论的研究》对货币的强力效用又推进更深的层次，但他们仍未挖掘到货币真正强大的本质功能，故对货币的认识，还是肤浅的，我们在能量经济学中还会进一步深入研究。

在凯恩斯之前还有两位经济学家需要稍微提一下，一是瑞典的卡塞尔建立的均衡增长理论，成为瑞典现代经济学的创始人之一。他的均衡理论建立在交换环节，与他的前辈瓦尔拉一起构成被后来人所称的瓦尔拉—卡塞尔均衡体系。而对国际贸易理论有较大贡献的俄林的《区际与国际贸易》一书成为现代国际贸易学说的经典，论证了国际贸易自由化对所有国家都有利益，都能促进各国的经济增长，成为现代国际贸易国家对外贸易的理论基础和经验指导，经证明其理论不仅正确且是极其有效用。

---

① 维克赛尔：《利息与价格》，商务印书馆1982年版，第97页。

2.2 当代西方经济学几个主要流派思想、理论及发展

按照前面阐述的宗旨，本书不注重对西方经济学的各个流派的思想学说、理论和方法作详细介绍。本节只选择几个主要流派，尤其是通过他们之间因理论缺陷导致的批判和修补，来概要式地窥探他们的思想发展及理论运用。

2.2.1 凯恩斯经济学的思想学说及理论

西方古典经济学与当代西方经济学的划分由凯恩斯的经济学说思想作为界面，虽然这样的划分略显粗糙，但因其经济理论在其特殊年代构成的影响，以及对古典时期的主流传统的经济思想冲击极其巨大，达到了经济思想史上最大的拐点，故以此为分界点也有其合理性的一面，而诸多的经济学人也有相同的看法。

凯恩斯（John Maynard Keynes，1883—1946）的经济学说产生于20世纪30年代，是资本主义世界爆发空前严重的经济危机时期，经济上基本陷入了长期的大萧条，并震撼了西方国家的经济学界。此时传统的主流古典经济学对此无能为力，其理论解释又显得极其苍白。而凯恩斯用高度的技巧和理论在其名著《就业、利息和货币通论》（后简称《通论》）中一反以往传统经济学的"自由放任，反对国家干预"的政策主张，开宗明义地指出传统经济学的理论"会

把人们引入歧途,而且会导出灾难性的后果"[1]。他运用特别理论来说明:国家要扩大财政支出,实行赤字政策;增加货币和信贷,实行通货膨胀;大兴公共工程,创造机会就业;拉动有效需求,实现扩张投资;提升总量供给,实现充分就业等一系列经济刺激政策,且《通论》的思想理论与政策药方与罗斯福"新政"不谋而合,生逢其时的出版轰动了整个西方经济学界,被学界褒称为"凯恩斯革命"。

凯恩斯在《通论》中一改传统经济理论的二分方法,即价值理论和货币理论,将其变为新的二分:分配和报酬理论及产量就业理论,实现了宏观经济学和微观经济学的分界。而《通论》的核心是就业理论,其逻辑起点是有效需求原理。大意表述为,全体资本家要对总供给和总需求价格进行预期,当总供给和总需求价格相等时,产量和就业量达到均衡状态,其利润总量达到最大化,这时的有效需求,才是总供给和总需求达到均衡状态时的总需求;且经过推论,也能表现为,投资和储蓄达到均衡状态时的总需求。但因人们对当期的经济危机状态悲观预期因素的影响,造成有效需求不足,则会形成非自愿失业,从而出现"富裕中的贫困"现象。他从投资者心理因素考察认为,大多数的投资决策只是受一时血气的冲动,受一种油然而发的主观情绪的驱动,这一心理因素会导致资本边际效率

---

[1] 凯恩斯:《就业、利息和货币通论》,北京:商务印书馆,1997年版。

剧烈变动,从而形成波动性的经济周期。此时的投资引诱只能在有利可图的乐观状态下才能发生,这也是凯恩斯认为的投资者"心理上的资产未来收益预期"所造成的有效需求不足的基本心理因素之一。

作为第二个基本心理因素是心理上的消费倾向,其规律是:当收入增加时,人们将增加自己的消费。但是,消费的增加没有收入增加得多,这就产生边际消费倾向,且是递减的。因为边际消费的这种倾向,则会导致投资乘数现象,即:当总投资增加时,收入增量将是投资增量的一个倍数。且投资乘数的大小,取决于边际消费倾向的高低。边际消费倾向越高,则投资乘数就越大。由此,他认为,只要边际消费倾向接近于1,投资的小量波动就会引起就业的大量波动,因此较小的投资增量,却会导致充分就业。

凯恩斯总结的第三个基本心理因素是,人们心理上的流动性偏好,即,人们愿意用货币形式持有收入和财富的欲望和心理。流动偏好起因于三个动机:①交易动机;②谨慎动机;③投机动机。交易动机和谨慎动机对利率变动反应迟钝,但投机动机对利率的变动反应敏感,故利率决定于流动偏好和货币数量。故凯恩斯经济学中强调:当中央银行供给的货币数量既定时,利率水平的高低取决于流动偏好的强弱;当流动偏好不变时,利率水平的高低取决于供应量的大小。为此,凯恩斯反对传统经济学的利息理论所说的:"如果储蓄超过投资,利率就会下降。利率下降就会刺激投资。利率的完全伸缩性会使投资增量等于储蓄增量，从而会达到充分就业的均衡。"凯恩斯认为，"当人们减少消费来增加储蓄时，如果货币需求和货币供给没有变化，利率就不会变化，在这种情况下，投资和储蓄的均衡必定导致收入和就业下降。这时，只有中央银行增加货币供给，降低利率，刺激投资，才能使就业和收入上升。但是，即使货币当局增加货币供给，也不一定能达到充分就业均衡。原因是，货币供给量大幅度增加后，公众在心理上对未来更感到难以预料，因而流动性偏好变得更强。结果是，货币供给量的增加使利率降低到某一水平，例如，降低到2%时，货币需求就会趋于无穷。货币当局增发多少货币，公众就会吸引多少货币，利率因此就不再下降。这就是'流动性陷阱'。再者，即使是中央银行增发货币能降低利率，但是长期萧条如果使投资前景变得十分暗淡，也难以达到充分就业。"[1]

凯恩斯的结论是："中央银行增加货币供给降低利率，以刺激投资，对增加就业有一定作用，但作用有限，最重要的政策还是财政政策。"[2]

另外，凯恩斯还特别关注货币数量和价格水平的关系，以及投

---

[1] 吴易风主编：《当代西方经济学流派与思潮》，首都经济贸易大学出版社，2005年版，第8页。
[2] 吴易风主编：《当代西方经济学流派与思潮》，首都经济贸易大学出版社，2005年版，第8页。

资与就业的关系，得出的结论是：当失业存在时，增加货币数量来降低利率，增加有效需求，提高物价水平，以实现充分就业。

针对以上凯恩斯的经济思想，自然就会得出他所主张的一套组合拳式的政策措施：

反对自由放任，主张国家干预。

扩大政府职能，指导调节消费倾向和投资引诱职能。

通过所得税、资本利润税、遗产税等涉及消费和储蓄的税制，并通过限制税率，来刺激消费需求。

主张国家采取措施提高资本边际率，以刺激私人投资。

国家直接组织投资，形成投资社会化（凯恩斯特别声明，投资社会化并不是生产资料公有化，而是实行国家权威和私人主动性合作）。

主张财政赤字和温和的通货膨胀。以通货膨胀来降低部分工资，以增加利润。压低利率，增加和刺激投资等。

确切地讲，凯恩斯通过《通论》传递的石破天惊的经济理论和经济思想，让经济学界和政商各界都大为惊叹，而这些思想理论的运用也的确让当时的资本主义社会摆脱了危机，重拾了人们的生活信心，且奠定了近40年的西方资本主义国家的经济繁荣，这也是凯恩斯经济学几十年间一直成为官方占统治地位经济学的原因所在。

自凯恩斯经济学登上历史舞台后，随着经济的发展，尤其是20世纪70年代又出现的经济"滞胀",导致其理论思想对解决现实问题也陷入了无能为力的困境,于是出现了后凯恩斯主流经济学(新古典综合派)、后凯恩斯主义经济学、凯恩斯主义的非均衡学派和新凯恩斯主义等几个流派,变成了地地道道的"啄木鸟"式的修补经济学方式。为了简明扼要地了解这些学术流派和学术思想。我们将用他们不停批判加"修补"式的视角来揭开当代经济学发展的脉络。

首先,我们来总结一下凯恩斯经济学与以往古典经济学的不同之处,具体表现如下表:

表2.1 古典经济学与凯恩斯经济学观点差异对照表

序号	内容	传统古典经济学观点	凯恩斯经济学观点
1	经济理论二分法	经济学原理和货币学原理或称价值理论和货币理论	微观方面的分配和报酬理论 宏观方面的产量和就业理论
2	利息理论	储蓄超过投资,利息就下降,就会刺激投资。利率的完全伸缩性会使投资增量等于储蓄增量,从而达到充分就业均衡。	当人们减少消费来增加储蓄时,如果货币需求与货币供给没有变化,利率就不会变化。在此情况下,储蓄和投资的均衡必定导致就业和收入的下降。

3	货币工资与价格	货币工资有伸缩性，存在失业时，货币工资会自动下降，失业将随之减少，直至恢复充分就业。	就业量取决于有效需求，不取决于货币工资。当货币工资和价格不变的假设被取消时，货币工资会影响就业，这种影响是一种反作用。
4	价值理论和货币理论	货币数量是价格水平的决定因素，货币数量增加会直接影响利率水平。	货币数量的增加不会直接影响价格水平，而是直接影响利率水平。
5	自由与干预	自由放任，运用市场机制，不用国家干预政策	反对自由放任，主张国家干预
6	国家预算	保持国家预算平衡	财政赤字有益
7	价格水平	保持国内价格稳定和均衡	温和的通货膨胀，使物价温和上涨，以降低实际工资，创造利润刺激投资，来创造就业机会。

上表所列是凯恩斯经济学理论和政策主张与传统经济学相左之处。而后期的学术流派林立，或有标新立异者，或有修补完善者，皆是依据自身的环境的共时性和历史观念的历时性，加上其独有的思想视角来演义经济学的所谓深入和发展。

2.2.2 凯恩斯后期几个主要经济学派的思想学说及理论

后凯恩斯主流经济学也称新古典综合派，理论体系集大成者当推有"哈佛神童"美誉的萨缪尔森（Paul A·Samuelon），他是一位科学成果极其丰硕的博学之士，1948年出版《经济学》，他著作的论文有5卷本的《保罗·萨缪尔森科学论文集》，于1970年度获诺贝尔经济学奖。作为美国经济学界的领导人物，有人这样评价他：自 1946 年凯恩斯逝世，标志着一个自亚当·斯密以来一直由英国统治经济思想领域的时代结束了。

萨缪尔森根据当时的经济状况和经济发展要求，指出了凯恩斯经济学对古典经济学的颠覆似乎太过，而他将古典经济学的市场机制和凯恩斯经济学的政府干预理论结合起来，利用新古典经济学的均衡分析方法，形成了最有标准活力的 IS-LM 宏观经济理论模型。依照 IS 曲线又推出了 LM 曲线的三个不同区域，垂直的古典区域、倾斜的中间区域和水平的凯恩斯区域。在古典区域内，货币政策最有效而财政政策无效；在凯恩斯区域内，财政政策最有效而货币政策无效；在中间的倾斜区域内财政政策和货币政策都有效率，对收入和利率都有影响。这种分析形成的理论对应不同的经济的状况应采取不同的灵活机制的政策和选择。据此，呼之欲出的新古典综合派的主要政策主张是补偿性财政政策和货币政策。即：在经济繁荣时期，要压缩政府财政支出，提高税率，增加税收，抑制社会总需求；在经济萧条时期，增加政府支出，降低税率、减少税收、增加总需求。繁荣时期形成的财政盈余可以补偿萧条时期的财政赤字。补偿货币政策，就是中央银行在经济繁荣时期紧缩银根，减少货币供给，提高利率，抑制总需求；当在萧条时期中央银行放松银根，增加货币供给量，降低利率，刺激总需求，并实行财政政策和货币政策的混合搭配。

若对后凯恩斯主流经济学的特点进行总结的话，用《当代西方经济学流派与思潮》一书中这段话最为恰当："从新古典综合派'原始的综合'到'成熟的综合'这一演变过程来看，它的一大特征就是兼容并蓄，尽可能地把当时影响较大的'诸子百家'学说包括其反对派的学说综合进来。从把20世纪30—60年代影响着大多新古典经济学和凯恩斯主义综合在一起，到把70—80年代影响较大的现代货币主义、供给学派和理性预期学派乃至新凯恩斯主义综合进来，显示了其理论体系的包容性。这种包容性也是新古典综合派在西方久盛不衰、长期居于正统和主流地位的重要原因。其实，在西方经济学说史上，一直都围绕经济自由主义和国家干预这两条轴线展开理论研究和提出政策主张的，而新古典综合派把这两者综合在一起，可以使其理论体系无所不包，政策主张左右逢源。"[1]

20世纪70年代至80年代，西方经济又出现了"滞胀"现象，主流经济学也随之陷入危机，包括后来用于解释失业率和货币工资率之间交替关系的"菲利普斯曲线"也不再有效。而在此前兴起的"后凯恩斯学派"抓住了凯恩斯本人的局限性，看到凯恩斯经济分析是短期分析，而在短期分析中又增加了预期不确定性概念，这可能会导致短期的超额利润刺激生产能力过度增长，从而导致利润急剧下降，而不是返回到正常水平。那就是说，经济不可能趋于长期均衡。

---

[1] 吴易风主编：《当代西方经济学流派与思潮》，首都经济贸易大学出版社，2005年版，第16页。

第二章 文献综述部分

帕西内蒂也由此考察需求总量和经济结构,并得出结论:经济的长期均衡增长不仅需要总量的动态平衡,而且还要求有与总量平衡相适应的结构动态变化。尽管驱动经济增长的基本力量(如生产)是平稳的,但消费者偏好的变化是突进的,因此,经济结构的动态变化将导致总量失衡,总量与结构的动态平衡不能自动形成,政府的干预成为保证经济长期均衡增长不可缺少的动量。

按照哈罗德的经济增长模型,经济的利润率取决于积累率,而积累率又是由投资来决定的。凯恩斯说投资主要取决于投资者的"血气冲动",这不仅是对古典经济学假定"经济人是理性的"说法的一种反叛,又没有考虑投资行为所依赖的社会环境,仅归结为人性中的某种固有的抽象特征,显然是有失偏颇的。哈里斯(Harris,D)说,影响合意积累率与实际积累率是否一致的约束条件要么是最低的利润水平,要么是最低的实际工资。较高的利润可能要求价格相对货币工资上涨,从而降低实际工资。但遇到了实际工资边界,则价格就不可能上涨,这就是通常说的"通货膨胀壁垒"。简单地说:分配利益的冲突使经济增长偏离均衡轨道,这些都需要政府制定合理的政策来保证经济增长和发展。说到底,后凯恩斯学派就是凯恩斯主义的延伸和补充。

1965年,美国经济学家罗伯特·克洛沃发表了《凯恩斯主义的反革命:理论评价》一文,对凯恩斯学派以一般均衡的理论来解释凯恩斯经济学提出了尖锐的批评。而克洛沃是第一位举起反对一般均衡分析而主张用非均衡分析方法作为旗帜的经济学家，自然是非均衡学派的主要奠基人。

人所熟知，以新古典综合派为代表的凯恩斯学派的经济学家们为了克服凯恩斯经济学没有涉及微观经济学所存在的缺陷，将以往的新古典经济学的微观理论直接架到凯恩斯经济学上，构筑了一个用一般均衡分析法构成的"新古典综合"的理论体系。而凯恩斯主义的非均衡学派为此大为不满，他们认为正是因为凯恩斯与瓦尔拉斯的一般均衡有较大差别，才真正体现了其经济理论的"现实性"和"创新性"。用凯恩斯的话说，经济中出现的非均衡现象应该是常见的通例，而古典经济理论所描述的随时随处都可以实现一般均衡的经济恰恰为特例。瑞典经济学家阿克塞尔·莱荣霍夫德也认为《通论》的本质是"不均衡性"[①]。在挖掘凯恩斯的非均衡经济理论中，非均衡学派试图在不完全信息、不完全竞争和价格缺乏连续性的前提下，在一个明确的非均衡关系中重建凯恩斯主义宏观经济论中应有的微观基础。

非均衡学派基于这样的认识，又致力于宏观非均衡分析和微观非均衡分析，并建立了非均衡分析理论模型，其意义到底在哪里呢？法国非均衡学派著名经济学家贝纳西在其1986年出版的《宏观经济学：非瓦尔拉斯分析方法导论》中总结其政策主张和观点如下：

---

① 莱荣霍夫德：《论凯恩斯学派经济学和凯恩斯经济学》，1968年英文版，第31页。

①关于封闭经济中的就业问题。在劳动市场和产品市场都存在超额供给的凯恩斯型失业区域,在此区域,增加公共开支或者减少税收,都会减少失业,甚至增加个人消费。即,扩大总需求来减少失业的宏观经济政策是有效的。②关于开放条件下的就业问题。"开放经济能够极大地修正反失业的相应效应"[①]。在可变汇率下,当资本不流动时,如果汇率也不变,国际收支均衡的假设就会导致与封闭经济相同的结果。而在固定汇率下,开放经济降低了凯恩斯主义政策对于解决失业问题的有效性。凯恩斯主义的需求政策所造成的国际收支逆差,可能迫使政府将来实施限制需求的政策。相较之下,收入政策创造的是国际顺差,且比封闭经济中更加有效。③关于通货膨胀。通过模型分析,有需求型通货膨胀和成本型通货膨胀之分。如果不是政府采取货币调节政策的话,成本型通货膨胀就不可能无限持续下去。而需求型通货膨胀解决的办法,当然应该是实行压缩公共开支或增加税收政策。其实,非均衡的仍然是一种均衡,只是站立的角度不同而已。正如贝纳西所说的:"非瓦尔拉斯方法并不是'反瓦尔拉斯',相反,它只是在更为一般的假设下应用那些瓦尔拉斯理论中一直很成功的方法。"[②]

到了20世纪80年代,一个主张政府干预经济的新学派——新

[①] 贝纳西:《宏观经济学:非瓦尔拉斯分析方法导论》,上海三联书店,1990版,第156页。
[②] 同上书,第4页。

凯恩斯主义经济学又崭露头角。由于凯恩斯主义不能解释20世纪70年代的滞胀现象而受到与其对立的经济学派的批评，的确是无力应付现实和理论的挑战而陷入困境，导致从主流正统的经济学宝座上跌落下来。新凯恩斯主义在批评凯恩斯主义和新古典宏观经济学的基础上，以独辟蹊径的研究方法和理论观点，用工资黏性和价格黏性代替凯恩斯主义工资刚性和价格刚性的概念，以工资黏性、价格黏性和非市场出清的假设取代新古典宏观经济学的工资、价格弹性和市场出清的假设，并将其与宏观层次上的产量和就业量等问题相结合，建立起有微观基础的新凯恩斯主义经济学。

新凯恩斯主义提出菜单成本论（有成本的价格调整理论）与经济周期和近似理性与经济周期之间的关系，又以不完全竞争论、市场结构和宏观经济波动论、市场协调失灵论分别论证了完全竞争市场对总需求波动的影响，以及市场结构和宏观经济波动之间的相关性，从不同的视角阐明了市场低效率、市场失灵与经济周期波动之间的相互关系和相互影响。还提出了迥异于传统经济学的失业滞后论及效率工资论来解释劳动市场，用隐含合同论填补了凯恩斯劳动市场经济缺乏微观基础的不足，又用交错调整工资论解释了通货膨胀与失业并存的现象。最后形成的结论是：没有紧缩性宏观经济政策，通货膨胀会进一步上升；没有扩张性宏观经济政策，失业会更严重。基于这样的理论，所主张的政策，包括价值政策、就业政策、货币和信贷政策等，无非是想消除严重通货膨胀和大量失业，稳定经济的发展。

通过以上简要介绍，读者定会产生这样几个印象：

（1）所讨论的经济学都是专家型的经济学，与普罗大众相距甚远。

（2）复杂的方法论，高深莫测的经济数学模型把无处不经济的经济学带入"象牙塔"之中，带到专家的"黑板经济"之中。

（3）各个学派认识的局限性，看起来相对正确的理论思想，又包含着许多缺陷，为后来的或对立面的经济学家所批判，将经济学的研究与发展构成了极不自然的幽默"啄木鸟"式的修补经济学。

经济学研究者们，绝大多数就现象研究现象，远离了经济是为人造福的基本宗旨，失去了经济学上的人性化。至于夹于其中的瑞典学派、弗莱堡学派、法国调节学派、熊彼特学派、新奥地利学派和伦敦学派、芝加哥学派、货币主义、供给学派、公共选择学派、新制度学派等等，我们在此略去不述。在书中涉及能量经济学的理论及应用，依其需要我们会进行粗略选择式对比分析，以期弄清经济学的真正本质及其正确运用。但为了能说明问题，下面再专门介绍比较激进的自由主义经济学派，并与高度集权式的计划经济相比较，会让人们强烈地认识经济学派的极端思想之危害与中道思想的实用性。

极右的自由无政府主义思潮也曾泛滥过，但从来都没有成为经济学的主流，无论是古典经济学的斯密，新古典主义，乃至哈耶克更加激进的自由主义，都是承认政府在经济中的作用的。无政府、无法律约束、无秩序是自由主义极端化至泛滥的结果，因为自己的为所欲为的自由，可以随意地践踏和破坏别人的自由，这样的结果必然是人人没有自由，进而会走向另一种形式的独裁或暴乱。绝大多数的人们是有理性的，谁都会想到这样的自由主义对任何人都没有好处，于是这样极端的自由主义被摒弃是不言而喻的。

而尤为滑稽的是，极端的高度集权的计划经济体制却能顺利登上政治经济的舞台，又耀武扬威地表演了若干年，这需要人们深刻反思。虽然这种体制的极端性的破坏具有灭顶之灾，已经被经验证明，但因为思维和习惯的惯性，使一少部分人恋慕不舍，久久不肯让其离去。产生高度中央集权的计划经济体制且实验多年的原因可能有三：一是因为资本主义暴露的危机，让人们反思是否有更好的制度来取代之，这会让人产生犹如幻觉般的崇高理想，以不顾人性的现实来设计似乎"乌托邦"式的更好制度，希望让人们获得更多幸福；二是迷信人为设计的秩序，迷信作为人有无限的能力，会让一切更有效率、更加公平；三是难免骨子里是独裁主义的，都有管理别人的冲动和欲望。将一切资源国有化或集体化，更能方便实现其独自享有。

以上所讲的极端无政府自由主义和极端集体的计划经济实质是一类性质的，都是崇信无拘无束的所谓自由造成的。最后的结果不是走向独裁，就是走向强制。

我们现在探讨哈耶克所代表的激进自由主义，若从历史的真相上看，哈耶克的自由主义不是极端的，因为他强调法律至上，强调规则秩序，强调在自由市场经济无济于事时政府的作用。可能对他那个时代来说，会被人们指责为"极端的"。从哈耶克1974年获得诺贝尔经济学奖，以及英国首相撒切尔夫人称自己是哈耶克坚定的信徒可以推知，哈耶克不可能是极端的自由主义经济学家。

哈耶克新经济自由主义思想当然是建立在古典的自由主义和自由至上主义基础之上的，他根据自由的价值来判断和支配自己的行为，"个人自由高于一切"，这不仅是经济学由此展开的独立思考能力和善于独立研究的原则，也是所有立法者及道德规范的基础。哈耶克的政治哲学乃至自由主义经济学的实质或许可以概括为他在《法律、立法与自由》中最为充分地阐释过的一句话："自由就是法律至上。"[①]

就自由经济而言，哈耶克考察并认为只有市场经济才能实现自由的本质，因为市场经济不自觉地产生了一种秩序——自生自发秩序（spotaneous order）。在自生自发秩序中，个人可以按照自己的意愿彼此交换、互动，没有人集中管理个人决策，个人可以按自己的意愿行事，只要不伤害他人。市场经济的秩序不是由某个主体自觉设计的结果，更不能靠外部力量来推动，它是在长期的自由竞争

---

① 哈耶克：《法律、立法与自由》第一卷，中国大百科全书出版社，2000年版。

过程中来实现的。竞争是个发现过程，在竞争中人类不知不觉地对新情况做出反应，通过进一步的竞争提高经济活动的效率，并逐步形成市场规则，因此，竞争是一种自然的过程。充分的市场竞争是保持经济秩序的最好的手段。

能够让市场自由竞争，能够保证自生自发秩序的规则公平执行，前提条件是经济自由和财产私有制，消费者具有自主的权利，因为消费者在确定商品生产数量和类型方面起着决定性的作用，生产者最终要听命于消费者。哈耶克认为，即使在垄断资本主义时期，尽管出现了许多新情况，但这并不构成消费者主权的否定。从技术进步方面，特别是计算机技术的迅速发展和广泛的应用，也论证了消费者主权的原则并没有失去意义。即使有国家对经济的干预行为，也不能违反消费者的主权原则。如果国家违反了这个原则，国家会把自己的意志强加给市场和消费者，必然会损害资源的有效配置，而且时间越长，危害就会越大。因此哈耶克极力反对国家实行的资源国有化及计划经济模式。计划经济的控制代替了个人的自由选择，则意味着基本经济动力的丧失；由于信息不来源于市场，信息的不完备和不敏感，计划经济的集中决策必然会造成资源的巨大浪费和经济运行的低效率；计划体制取消了人们自由选择工作的机会，而代之是无竞争状态的计划性工作，在工作效率低下的同时，又必会降低人们对自由的渴望从而最终导致自由的毁灭。这就是哈耶克《通往奴役之路》阐释的现实。

另外，在政治方面，计划体制必然导致政治的极权。在哈耶克看来，计划是与民主对立的。由此，哈耶克得出结论，在计划体制下，产生的权力是没有止境的，谁拥有了这个权力谁就能控制一切。在思想方面，"思想的国有化"必然导致"真理的末日"。哈耶克认为，在计划体制下，工业的国有化和思想的国有化是并驾齐驱的。原因是，在集权主义的制度下，必须使一切都服从一个最高目标，为了保证这个目标的实现，必须保持人们思想上的一致性，使人们全部接受当权者的唯一价值判断，所有的宣传只能为这一个目标服务。于是，在这种情形下，人们对真理的、无私的、客观的探求是不可能得到许可的，而为官方意见辩护就成为各门学科，特别是社会科学的唯一目标，凡是对政府的怀疑与批评都将被压制和禁止，最终导致"真理的末日"。

涉及到资本主义的通货膨胀和失业，哈耶克也同样认为是政府对经济干预的直接根源，是政府对货币发行权垄断造成的。市场经济本质上是一种私人的经济和自由的经济，市场机制充分发挥作用的主要前提是有一个健全的货币制度。如果国家垄断了货币发行权，就破坏了私人发行货币的约束机制，从而使市场机制不能充分发挥作用。其结果是，一方面造成大规模的失业，另一方面造成通货膨胀，因此，哈耶克主张取消国家发行货币的垄断权，将此权归还私人和市场。

在国际关系领域中，他同样主张自由主义。国际政治经济的关系同国内是一样的，也是"自由"与"组织"之间的关系问题。"自由"必然与市场机制的作用、竞争和经济效率相联系；相反，"组织"则与垄断、计划化、国家干预和无效率相联系。由于一些国家独自在国内实行计划经济，因此国与国之间的经济摩擦不断加剧，影响到了国际关系。当多个国家都想用经济以外的手段来维护本国的利益时，这就必然会引起国家间的利益冲突，其结果甚至会酿成一场战争。哈耶克从经济自由主义的观点出发，极力反对实行国际经济的计划化，因为，在若干个国家之间实行计划，不仅技术上十分困难，潜在的危险也很大。而任何计划的推行都需要有一个强有力的权力机构，这样的现状一旦建立起来，就会有人企图控制它，把自己的意志或多个国家的意志强加于它，然后通过它来控制其他国家。所以，国际性的计划只可能比全国性的计划更加是一个赤裸裸的强权的统治。

哈耶克在最后一本著作《致命的自负》（1988年）提出的观点是："市场是一个以经济效率决定创造性个体及其行为惯例的动态过程。而整个社会也有经济效率高下之分，在不同的社会规则、法律、习俗和道德体系之间存在某种竞争。经过社会演进，经济效率最高的社会——因而也包括其最效率的规则和道德——最终会占上风。"[①]

从以上介绍可以看出，哈耶克的自由经济主义思想有其传统上

[①] 艾伦·艾伯斯坦：《哈耶克传》，中信出版社，2014年版，第XXII页。

的根源，也有人性本身上的要求，所建立的基础是合乎道德的普遍的人们心理上的共同原则，因此其思想必然具有深刻性及合理性，这是不言而喻的。而经济形式的发展似乎也证明这一点。但对"自由"与"民主"的定义许多人的理解是不一样的，这两个词的内涵和外延都很广泛，对每个人的情况不同，其概念涉及的实质意义也必然不同。例如甲喜欢一条小狗到视狗如命的程度，而碰上乙不小心将其伤害致死，如果乙用经济来进行赔偿，而甲认为无论多少钱也抵不过狗对于他的价值和意义。按照绝对自由的意义，甲可以要求乙以命抵命，虽然绝大多数人认为甲是不道德的，但绝对自由的定义可以支持甲这样做，否则就变成了伤害甲的本身的自由，故此，让一个社会完全的"帕累托最优"是不存在的，而绝对的自由也无法存在。既然自由是相对的，那么市场经济的自由也是相对的，相对的自由说到底是被制约的自由，故此不能断言市场经济是绝对好的，而政府干预就一定是坏的。这要看在什么条件之下，因为说到相对，那必然是带有前提条件的。但在人们普遍共识和共同心理基础的原则之下，以此为理论思想的出发点来研究经济、生活和人们追求的目标及幸福会更加符合现实，更加接近真理，这也是相对更好的定义。

第三章 根本规律部分
能量经济学"黄金"价值理论分析

简要介绍了西方古典经济学及新古典自由主义学派,以及当代的西方经济学几个主要流派的经济思想、学说理论和相关经济政策主张后,我们除了感受到西方经济学的发展越来越专业化、模型化、数字化外,也深为赞叹他们的精细和缜密,以及对经济现象把握的精准和分析的细腻,由此而完成的经济理论,的确值得世人去钻研和学习。因此,我们把这一部分的知识,看成是能量经济学所指的一棵整体有机的茂盛大树的"地上"部分,即枝干和叶果,研究产生的理论价值,我们权且称为"白银"价值理论。下面我们将逐步探索这颗茂密大树的"地下"部分,即大树的根部。是什么样的养料原理,提供了大树生长的源源不断的动力?只有根深才能叶茂,硕果累累。因此我们把研究经济根本理论称为"黄金"价值理论研究,这样才能有全局性的观察和解释,才能让能量经济学焕发出勃勃生机。

3.1 能量经济学的本源及规律

我们在此前曾经说过,认识财富的本质是打开研究经济学的一把关键钥匙。古典经济学派的斯密、李嘉图、萨伊、西尼尔、李斯特、罗雪尔等都对此问题有过深刻的论述,但到了当代西方经济学家那里,却大大地忽视了对这个问题的研究与追思,经济学家处在当时的环境下,当起了"灭火队长",为解决诸如通货膨胀、失业、滞胀、价格、税政等一系列发生的经济问题去寻求答案,当然这也无可厚非。但当经济学丢失掉了考察"财富的本质"这个命题后,其研究范围只能是枝枝叶叶式的,片面和局限将不可避免。为此,我们在此章重开这个命题,再来研究财富的本质到底是什么?只有抓住其本质,才能找出规律和原理等相关理论,才能更好地解释经济现象,也才能指导人们进行经济活动和实践。

3.1.1 新观念——能量经济学

探讨、研究西方经济学各个流派及其思潮至今,留给我们的经济难题非但没有减少，反而是越来越多。比如自由经济与国家干预的正确关系到底为何？通货膨胀和通货紧缩、就业与失业、经济增长与发展、国家的货币政策与财政政策，均衡体系与动态非均衡的争论，市场机制中的价格与利息和利率关系，经济增长与环境保护等等，每个问题都留下许多不完善的缺口和遗憾，等待人们去思考、补充和完善。

为了对经济发展提供更为有益的探索，我们引进一个崭新的观念——能量经济学这个视角，一改以往西方经济思想为主流的这些方法论和认识论，也选择不同的价值判断取向，以抛砖引玉的方式，引导研究经济学或非经济学领域的人们，来观察总结及运用经济中存在的基本规律及其原理。

能量经济学始终围绕个人幸福、国家和谐、社会安定这个主旋律，奏响经济方面的各个音符，将经济现象尽可能转为人们对幸福追求的标准来探讨和研究。我们用"能量"这个既抽象又可感知的概念，进入到人们的生活经济领域，进而进入到人们的心灵层次，探讨经济与个人幸福的关系。

其实，经济活动遍布人们生活的各个方面，"生活无处不经济"，19世纪伟大的经济学家阿尔弗雷德·马歇尔（Alfrend Mavshall），在他的教科书《经济学原理》中写道："经济学是一门研究人类一般生活事务的学问"①，而经济活动的产生及其运动过程，实质上就是人们的期望要求。所有产品都是消费品，即使有一些中间产品，也是为最终消费产品服务的。看起来经济现象复杂多变，似乎没有规律可循，但若按满足人们的欲求，最终分为六大类产品，即满足于人们眼、耳、鼻、舌、身等前五官的需求和最后满足意念的需求，照此来看，经济学天然就是心理学。故古典经济学建立的基础，就是亚当·斯密依照人们的共同心理活动为一般原则出发而形成的。凯恩斯经济学也同样先观察人们的几个基本心理因素，提出了经济变化的一些规律，形成他特有的经济思想和理论。拈出这些例子，那与能量经济学有何关系呢？也许人们不太自觉去发现，我们需求的个人欲望中，都是能量导致的结果，而能满足这些欲望表面看来是物质的满足，实则是能量的满足。万物都充满能量，这是科学上已有的结论，商品本身是物质的表现，商品交换必然表现为能量的交换，而满足心理作用的，只可能是看不见摸不着的能量。不仅有形物质充满了能量，无形的物质或无物质的无形世界也充满能量。人们的幸福或痛苦感，就是能量的充盈或亏欠造成的。这并不是什么异端学说，或随意捏造，而是现实生活中实实在在的东西，只是人们一直生活在以为眼睛可观、身体可触、耳朵可听、舌觉可尝、鼻觉可嗅的有形物质世界中，太习惯于直觉的感受，没有把这种东

---

① 阿尔弗雷德·马歇尔：《经济学原理》，中国商业出版社，2009年版（绪论）。

西感受成能量，而形成的心灵缺失或碎片化的不完整性，导致生活中充满能量，人们又不自觉一直使用和享受能量，但却体会不深。比如所有的物体都有三种形态，固态、液态和气态，到气态这个层次，人们就会联想到是能量的显现，实际上固态和液态的物体，也是能量的显现状态。作为人的生活状态，本来就是生命能量的状态，能量既然遍于可见比如物体商品和不可见的比如思想、文化之中，那么运用能量的概念，来研究经济不是自然而正常的吗？

运用能量经济学这一特殊观察视角，您在后面的论述中，可以看到经济中存在的规律性到底是怎样的。您也会发现运用能量经济学的规律和定理，解释市场经济的自由性，与政府是否应当干预经济的合法性的基础。当然也可以分析就业和失业的真正原因，能够解释为何有的人富有，有的人贫穷；有的人聪明，有的人愚笨；有的人相貌荣美，而有的人却丑陋不堪；有的人五官健全，而有的人却四肢不全，造成的自然禀赋的差别的原因为何。这些虽然涉及诸如心理学、哲学、生态学、社会人类学等等相关科学知识，但大致都和经济直接发生关系。以往研究经济学基础，大多是局限在市场交换领域，认为只有交换的产品才是商品，才有价值，这个视域非常狭窄，不交换的产品或自然产物就没有价值吗？只要它含有能量，就一定有价值，不使用或临时未被使用的物质不代表永久不使用，那只是将其能量价值临时隐存起来而已。而我们以往的研究基本发生在可见部分，不可见部分常常被忽略，那不可见部分难道没有价值？只要它具有能量，就有其自身的价值，比如一个人的思想，这其实是能量价值的源泉，当研究经济的视角仅限于可见部分时，如何揭示思想能量的价值？

自然，我们依据可把握的能量经济学的原理，也会比较国家对经济采取的政策，以及培养国家间的竞争优势。而反映到竞争力上，既有国家的综合硬实力，也有其各种文化、风俗、道德、习惯形成的综合软实力，这不是更好地说明了实力是能量原理的事实？物质有物质的力用、文化有文化的力用，思想有思想的力用，道德有道德的力用，个人有个人的力用，家庭、企业、国家和社会都有不同形态的力用，这些都是能量的外现作用。能量经济学就是以此为依据来探研其规律和原理，寻找合乎规律的方法论和价值观，依此来为人们谋取幸福。这是笔者撰写能量经济学的主旨所在。

现将经济学说思想史上，各个流派及能量经济学的理论研究，所表现的不同区域用直观的方法（树型分布图）呈现出来，方便读者理解。图形如下：

图 3.1　经济学流派树型分布图

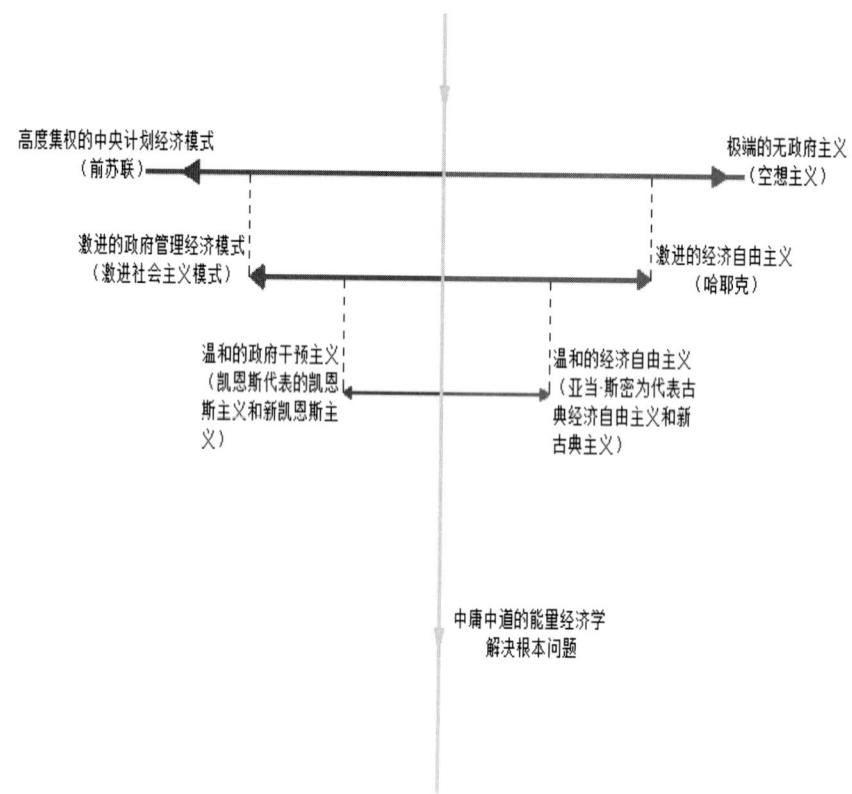

经济学说史上用以上树型分布图，可以启迪学者予以思考，解决经济问题之法，重点是用根本之道，而非枝枝叶叶之法；但并不排斥"枝叶法"。"枝叶法"作为补充之手段与"根本法"相结合，则是本末一体解决之法，但更强调"根本法"的确立。然"根本法"是非常难以寻觅和建立的。

3.1.2 能量经济学的起源

寻找一门学问的起源其实是非常困难的。18世纪德国物理学家、哲学家康德，本来专业是研究天体物理学的，但其后受法国思想家卢梭高呼的"人性的绝对自由"的思想启蒙，及英国哲学家大卫·休谟《人性论》中对一切都持怀疑态度的怀疑主义影响，又观察天体物理总是有规则地日夜不停运转，转而放下物理学的研究，专心致力于对人生哲学的科学哲学进行探研。整整用了十年时间，写出了三本震惊世界的《纯粹理性批判》、《实践理性批判》和《判断力批判》的著作。在《纯粹理性批判》一书中，他用纯粹理性的规则解释科学如何能够建立起来。这就将学问研究引入到起源学。而科学大厦的建立是因为纯粹的数学和物理学等学科，在纯粹数学的数和形的研究中，涉及到时间和空间这两个概念。对于时空人们也是司空见惯，不认为是什么困难问题，但当你去追究时间和空间的起源时，绝对会陷入徬徨和不安，犹如圣·奥古斯丁在其《忏悔录》一书所说："可是时间究竟是什么呢？没有人问我，我倒清楚，有人问我，我想给他解释，却茫然不解了。"[①]康德也困惑时间和空间是如何来的这个"无厘头"的问题，若不解决这一难题，则数学的"数"与空间的"形"就无从建立，那么数学这门科学的大厦也

---

① 奥古斯丁：《忏悔录》，北京，商务印书馆，1963年版。引文根据 J·P·Migne 编的 Patrologia Zatina（Paris，1841）.

就倒塌了。实在而言，直至康德三本著作的出版，他也没有解决这个问题，最后用不可自知的"物自体"来代替。他说："此 X 绝非经验，盖因使第二表象与第一表象相连结，所提示之原理不仅具有经验以上之普遍性，且又具有必然性之性质，故完全为先天的，且以纯然概念为其基础者。所有吾人之先天的思辨知识最后之所依据，比为此综合的即扩大的原理；分析的判断固极重要而又必须，但仅在使此种确实而广大之综合（即对于固有之知识能增加真实之新知识者）所必须概念明晰时，始重要而必须耳。"[1] 把时间表象为人们的内部感觉形式，把空间表象为人们的外部感觉形式，有了两种纯粹形式的假设，才建立起自认为的有"数"和"形"的数学科学。当认真思考一下"现在"一词是指什么时间，会发现无法寻到"现在"，因为人一动念，即成"过去"，未动念是"将来"，哪里有什么可确定的"现在"呢？如果"现在"不存在，那"过去"和"将来"又如何会存在？这就是起源学的悖论和困惑，可以肯定地说，现在的绝大多数科学家仍然对此茫然无解。20 世纪著名的物理学家爱因斯坦也说过："时空是人们认知的错觉。"[2]

就空间、时间来源，确属正义者，莫过于冯达庵大阿阇黎《佛法要论》中之《般若波罗蜜多心经广义》文中所论述："前五识（眼、

---

[1] 康德：《纯粹理性批判》，商务印书馆，1960 年版，第 36-37 页。
[2] 沃尔特·艾萨克森：《爱因斯坦传》，湖南科学技术出版社，2012 年版。

耳、鼻、舌、身等五识）本来无执，所见惟是性境；因意识缘虑于其间，略受沾滞影响；五尘之现，端在于此。而意识所对之法境，以沾滞故，变为法尘，自不待言。原夫法境，大别三重：依空间式展开性光而排列之，或圆或方或三角乃至一切形式，皆意识虚构而成，是为第一重法境；依时间式分析物态而递演之，或动或静或变化乃至一切状况，皆意识相续而然，是为第二重法境；依因果式考察事情而条理之，或常识或科学或哲学乃至一切学问，皆意识参究所得，是为第三重法境。此三重法境，总由意识缘虑而来。缘虑之际，不无注意所在。其能于注意中不落沾滞之弊，则无在而非法性流行之处。久滞成执，六境皆化浮尘。浮尘愈盛，意识被牵愈频，终至攀缘不息（除沉闷深睡等）。所缘之境，对素好者则爱慕之，甚或造业以求之，对素恶者则厌弃之，甚或造业以绝之。贪嗔痴较薄者，造业尚轻；较厚者，造业殊重矣。业力一引，辄有相当气流返应。业之善者，众生蒙其利益，辄以善业相报。约内心，常受善业加持；结果，福种成熟，构成新身以替旧身。约外迹，新身多福故，依正二报每觉优胜；亦有当旧身而致祥者。业之恶者，众生受其损害，辄以恶意相报。约内心，常受恶业加持；结果，祸种成熟，亦构作新身以替旧身。约外迹，新身伏祸故，依正二报每罹灾患；亦有当旧身而遭殃者。业之无关善恶者，气流返应结果，有类数理式之答案，亦得轮现相当新身。如是，生死流转，无有穷期。推本于迷执，实由意识之辗转缠缚也。"[①] 如文得知，空间和时间实缘意识攀缘虚构而成，故于佛教中属于心不相应行法，实无空间时间之存在。若欲详解，取《佛法要论》细读则知。而所引短文，又揭示了正报指众生身体，依报指身体所存之环境，皆是业力之行成就气流而导致的，且善恶业所成加持力形成祸福之源泉，那么，此气流也可视为我们所说的能量。善业所成为正能量，恶业所成为负能量。在后文中将进一步揭示其原理。

人们会有一个简单的常识，生病要找到病原，才能得到根治，经济学研究的经济现象好坏且要力图对治病态经济，那也要找到经济学的起源，才能对症下药，否则只会是"头痛治头，脚痛治脚"，现在西方的经济学家基本是停留在这个状态上。

虽然对探讨经济学起源是困难的，但我们可借助两个方法，一是对现象的观察和理解，并加上人们的实证；二是运用逻辑思维抽象能力，将原理揭示出来，与现实生活相符，则经济学的本源就可迎刃而解。

在此，依据"一切事物的发生皆有其原因"这一必然命题，我们可先预设一个结论：

经济学或财富学的本源或本质是能量，而能量的源头是人们的心灵。故财富的本质表现为能量，最终决定于人的心灵智慧。

[①] 冯达庵大阿阇黎：《佛法要论》下册第553–554页，宗教出版社，2015年版。

第三章　根本规律部分

论证方式是先来观察经济现象，并从现象的普遍性出发作为考察原则：

由亚当·斯密建立的古典主义经济学一直占据着西方经济学的主导地位，甚至可以断言，未来也不会动摇其主流性和领导性。其根本原因是斯密经济学的起点，是从人们普遍共同的心理起点状态来观察和总结出来的。他的发现是，人们之所以有商品物用，不是因为人的慈善的结果，反而是因为人们都有私利的心，去满足自己的欲望需求，在不可能所有物品都是自己生产制造出来的限制情况下，人们可以根据自己的特长及特有的资源因素，去生产创造出可把握的产品，然后通过市场交换到那部分需求的产品，这样就产生了分工和可交换的市场经济，在这种情况下人们又是自愿的，故而也是自由的。而生产者为追求欲望的满足，又无意识地满足和利益了别人，成就了功利人们的自发利他功能，这也是哈耶克所说的"自生自发秩序"。1964年，哈耶克在被授予日本立教大学名誉博士头衔时，说到他的《经济学与知识》这篇文章，有过这样的表述："这篇文章的主要结论是，经济学理论的主要任务是解决如何实现经济活动的总体秩序。人们在这些活动中所利用的大量知识，并不能被集中在一个人的头脑中，而只能是不同人掌握的分工的知识。然而，由这一点洞察到，个人在其活动所遵循的抽象规则与由此而形成的抽象的总体秩序间的关系，还有相当长的距离……而正是由于透过重新审视传统自由主义的基本概念，即源远流长的法律下的自由概念，及由此而涉及的法律哲学问题，我才对古典自由主义经济学家一直在谈论的自生自发秩序的性质有了一个大体上还算清晰的认识。"[1]通过"自生自发"的市场秩序，斯密发现这些人就是通过这样的自然心理来劳动和生产，慢慢积累了财富。故斯密下结论说，是劳动价值创造了财富，即国民财富的本质是"资力"，是生产劳动的产物。且由此发现"看不见的手"的市场价格自发调节作用，这也是自然形成的结果。虽然人们对此耳熟能详，但对斯密这样的发现领会的意义并不深刻，这是贯穿于西方经济学思想体系的一条主线，否则就不可能有自由主义经济学的产生和发展。斯密这个发现其意义堪比任何科学革命上的发现，这个原理不可能被颠覆的原因是，只要人们存在私利和欲望的心理，这个市场规律就永恒起作用，只有将人们的私心消灭殆尽，才可能消失市场经济，才可能砍断这只"看不见的手"，无论市场多么不完美，甚至会很残酷，但因人们的共同心理构成普遍的原则，那么这个市场规律就必将发挥作用。偏离这个规律则会形成空想，会脱离实际，变成谬论，斯密经济学的理论思想的逻辑起点始建于此。

那么，是不是说斯密的思想认识完美无缺了呢？我们说，当然不是。市场上"自生自发秩序"是被斯密和后来的古典主义经济学家们描述为不自觉无意识形成的。其实，只要认真考察，就会发现

---

[1] 艾伦·艾伯斯坦：《哈耶克传》，中信出版社，2014年版，第122页。

第三章 根本规律部分

事实不是这样。而其后的能量经济学原理告诉我们，只要有一种能量在此起到力用，就必须要有另一种对立的力量相互制衡才能达到平衡，也就是人们常说的市场均衡。否则均衡状态永远实现不了。这也是中国经典《易经》中说的"一阴一阳之谓道，继之者善也，成之者性也"[①]的"道"，当然也是规律原理。

既然存在能抑制人们在市场的私心欲望，呈现自发的调节性，那这个能量在哪里，如何被发现？

我们把思绪调整回来，再看斯密考察的人们共同心理基础这一普遍原则，发现当人们要去满足私利欲望时，即把产品生产出来前，必须要——付出，要有生产资料，要有生产工具，要有货币资金，还要付出劳动力，当然也要付出脑力即思想力。当这些因缘组合成熟时，才能进行生产，才能创造出产品，才能拿去市场交换，才可变成商品。在未得到产品前必须先付出，这是因果规律在自觉地起作用，有因的能量才能有果的能量，从前面生产要素的各种能量的聚合，最后才由生产要素的能量，转移到商品的能量状态，哪里是斯密所说的无意识的状态？因为这种心理和物理的因果规律，永恒地在起作用，才产生了市场的制衡秩序问题。这个市场经济的因果规律，必须要被揭示出来，这应该是经济学研究的最大事件，没有将此因果规律认识清楚，则经济学以后的研究及思想学说，只能

---

① 参见《易经·系辞上》

是一知半解的状态，想揭示经济发生的各种现象是徒劳的。

也许您会说，这么明显的事实状态谁会不知道呢？其实因果规律是很难被认识的，这个自然规律，永恒地都在发生作用，但我们对其认识不仅肤浅，且很片面，因为这是人的能力局限造成的。帕斯卡尔在《思想录》中说："敏感性精神，其原则就在日常的应用之中，并且就在人人眼前。人们只需要开动脑筋，而并不需要勉强用力；问题只在于有良好的洞见力，但是这一洞见力却必须良好；因为这些原则是那么细微，而数量又是那么繁多，以致人们几乎不可能不错过。可是，漏掉一条原则，就会引向错误；因此，就必须有异常清晰的洞见力才能看出全部的原则，然后又必须有正确的精神才不至于根据这些已知的原则进行谬误的推理。"[①]《尚书·大禹谟》上讲："人心惟危，道心惟微。"也是这个意思。

比如处于市场经济状态的人们，都能感觉到要去获利，这是一己私心趋利的要求，很明显地被感知到，原因是人有生命及肉体，必须设法保全我们的生命肉体，这个安全的愿望非常强烈，形成了长久以来的思维习惯，而这种心灵上的能量形成强牵之力，让人们认为获得私利是自自然然的事情，那就会蒙蔽和隐存另一个心理基础，只有付出或舍出才可能得到收入。这两种能量是对等的，是作用力与反作用力的关系。且还存在能量守恒这个定律。这在后面所

[①] 帕斯卡尔：《思想录》，商务印书馆，1985年版，第3页。

第三章 根本规律部分

讲的原理中会重点讲述。

综上所述，我们总结如下：

①市场调节机制不是人们无意识的行为，而是因果规律的自然作用。想获得必须先付出。

②舍得付出和获得满足是二种能量的力的平衡，也是能量转移的结果。故市场表现能量守恒。

③这些能量既来源于心灵，也来源其他的要素，但归根结底是心灵的能量显现。

④舍得才是财富增长的种子。财富是能量的表现，最终取决于心灵智慧能量的大小。

⑤国民财富是每个个体财富的集合，同样遵守以上的能量规律。

上面是按经验观察和实证得到的结果，现在我们再运用思维的逻辑能力推导如下：

①任何产品的生产与创造必须要有多个要素，如指挥者的思想力量，劳动者的体力劳动，物质资料要素，劳动工具要素，为购买这些要素的资本要素等，都要组合在一起才能生产出产品来。因此产品是由以上诸要素和合因缘产生的，绝对不可能是单一因素成为产品。故万物都是合和生成的，在你面前表现所有物品都呈现这一特性。

②所有物品都必须存在于时间和空间之中，没有时间和空间关系的物品是不可想象的。那么当时间与空间在产品的诸要素当下和

合时，才能形成我们看见的这个物品或产品或商品的象状。

③我们说，当构成产品的任何因素发生变化时，则产品也必须发生变化。科学实验告诉我们，构成物品的内部原子、电子、粒子，甚至现在所说的量子夸克都在随时变化，而构成因素的时间空间也在刹那变化，能看到此物品的我们的视力、听觉、嗅觉、触觉、味觉及意念都在刹那变化，如此多的因素都在发生变化，我们怎么可能得到一个不变的物品（或产品或商品）？

④其实我们的心灵被物品的表象迷惑住了，因为我们的眼睛、耳朵、鼻子、舌头、身体等五官的能量太低，能力很弱，我们很难捕捉到产品瞬间的千变万化状态，以为是物品不变，可以抓取，才产生了执著其有的贪心，去创造并占有以为实有的物品，来满足心欲之用。如果物品真的不是随时有变，那人就不会生老病死，物品永远不会毁坏。但事实不是这样的。

⑤一旦当我们的眼、耳、鼻、舌、身、意能量强大起来，能力增强时，你会看到物品随时刹那间在变，而且变化速度非常之快，但无论多快也在你的能力范围内，那一定是看到物品是一个虚像，而不是真实物品。若到此时，自身如同物品一样是虚幻的，物品表现当然也是虚幻的，既没有一个可以追求的能"我"，也没有一个可以追求的所"物"，那么你的贪心自然而止。此时人心的能量会恢复本然状态，能量变得无穷大，因人所想的财富，随念而得，但自己并无得心，只是用来帮助迷惑的人而已。

⑥前面我们说到万物都是因缘和合,都因速变而成虚像,故任何一物没有一个自己的实性,就因为没有实在的自性,故物体才能千变万化,才能满足人们的所有效用。若物体有一个实在的自性,则物体永远不能变化,那就会失去任何效用。比如土地种不出粮食,铁也不能用做成铁制品,只有无自在的实性,才能如人所思之变。

以上六步的逻辑推理,也许非常难以理解,因为这不是理解的对象。而这种物象的真实相状,人们的眼睛又不能看到,只有逻辑的推理人们是不会相信的。西方经济学家,乃至科学家,更加无此心灵的知识及实际的验证,因此,他们对经济现象的认识总的说来浮于表面。

上述推理所描绘的世界真相,是东方国家特有的文化指向,也是东方国度中有许多人能够亲身实证的事实。只有当推理与真相完全契合时,这种逻辑推理才是真理。而我们描述的经济现象,也为了找到真理。这种真理与真相同世人看的迥异悬隔。比如中国隋末唐初时的僧肇的一本《物不迁论》,说的真相就是这样。他说:"往物不今来,今物何所往?"[①]又说:"夫生死交谢,寒暑迭迁,有物流动,人之常情。余则谓之不然。"[②]僧肇在《物不迁论》里,开头便写出了与常人看法不一样的事实。平常人太习惯于生死交替,

---

[①] 僧肇:《物不迁论》(任继愈主编《中国哲学发展史》魏晋南北朝卷,人民出版社1988年出版)。

[②] 同上书。

寒暑往来，迭迁变化，物体移走流动的现象了，而他则断言：我不这样看待。为何？僧肇又说："何者？《放光》云；法无去来，无动转者。寻天下不动之作，岂释动以求静，必求静与诸动。必求静与诸动，故虽动而常静。不释动以求静，故虽静而不离动。然则动静未使异而惑者不同。缘使真言滞于竞辩，宗途屈于好异。所以静噪之极未易言也。"[①] 作者先举《放光般若经》中的一句"法无去来，无动转者"为立论依据，此经为佛陀所说，一语致的：诸法没有来去的现象，也没流动转移的情况。为此，僧肇又说，如果心灵印契不动的实境，怎么能破坏变化而求不变呢？而是心灵观到的静止不变，就是在动转变化之中同时显现的。我们常人的看法是，运动和静止一定是对立的，有运动就不可能静止，有静止就不可能是运动，这是人的迷惑造成的，所有社会的矛盾都来源于这种迷惑，故人间纷争不断，包括经济学界总是出现对立的经济观点，其根源都在于此。若把心灵比喻成非常大的镜面，镜子中任何变化的物相，都在静止的镜子中，不因为有变化运动而影响静止不变，也不因为静止不变而影响镜子中的运动变化，那么此时的静止和运动就融会于一体之中，运动和静止自然没有矛盾之处，这是佛法常讲的"不二法门"。故"必求静于诸动，虽动而常静"了。"不释动以求静，故虽静而不离动。"不会因为除去动（变化）才来看到静（不

[①] 僧肇：《物不迁论》（任继愈主编《中国哲学发展史》魏晋南北朝卷人民出版社 1988 年出版）。

变），而是虽然心灵恒静，但却照样显现镜子中的刹那变动。为此，僧肇说："然则动静未始异而惑者不同。"动静都融于镜中一体，根本不相分离，但迷惑的人总是看不到真实相状，总将动静分离成矛盾的二法。"缘使真言滞于竞辩，宗途屈于好异。所以静噪之极未易言也。"不同的因缘（凡夫与圣人因缘不同）让真理停滞在无聊的辩论上，大道（宗途）屈从于个人的好异解释，甚至流于歪理邪说。因此，静止不变和动躁变化的极深道理，是不容易讲说明白的。我们前面的逻辑论证很难理解，也是难以言说明白的，这里只举此一例说明真理难以与常人契合。谈到这种体验，帕斯卡尔在《思想录》中也有过这样的感觉。他说："人对于自己，就是自然界中最奇妙的对象，因为他不能思议什么是肉体，更不能思议什么是精神，而最不能思议的莫过于一个肉体居然能和一个精神结合在一起。这就是他那困难的极峰，然而这就正是他自身的生存：Modus quo Corporibus adhaerent Spiritus Comprehendi ab hominibus non potest, et hoc tamen homo est.[①]"[②]

上面已说过，当自己的心灵智慧证实到无物存在，当然是无己存在，那时的"我"，就已经是大遍宇宙的"无我"状态，其心灵智慧的能量扩至无穷之大，如同一滴水被放于大海之中。故因为万

[①] "精神与肉体相结合的方式是人所不能理解的，然而这就正是人生。"原文为拉丁文，语出奥古斯丁《上帝之城》XXI.10.
[②] 帕斯卡尔：《思想录》，商务印书馆，1985年版，第36页。

物无有自性，即万物之实性其能量表现无穷，这就是本节所要阐述的能量经济学中的本源，也即是巨大能量的真正源泉，是来自于无限的心灵。

3.1.3 能量经济学的规律和原理

一旦当我们正确认识能量经济学的本源时，则其规律和原理也会自明起来。

在上一节我们用经验的实证和逻辑推理方式，探讨能量经济学的本源。并已揭示其中的基本规律：

规律一：能量经济学符合因果规律。

西方经济学的许多学者，在解释经济现象时也提到因果律，但其运用力度相对比较薄弱，其广度和深度远远不够。原因是他们只要一谈到因果律，必然会害怕陷入到"机械论"的因果律的死循环之中。为什么会发生这种思维偏差和现象呢？这是因为西方哲学、科学和经济学，始终不能理解万物因缘和合、而无实在自性的极深道理。如果事物有实在的自性，就会由一种因到一种果，单因产生单果，则必然是机械的，因为，因上不能变化，故，果上也不能变化，那么必然是机械僵死的因果，这种因果解释难以通达世界现象。而西方学者又会忘记，当一物有实在自性的时候，它是不能变化的，是不能由因到果的，由因到果物非往昔，则物性也必变化，物性变化则无实性。如果铁当真有其自性的存在，那么，铁永远都不会变化，

第三章　根本规律部分

这是违反常识的。故物品表现的非单因致果，而是因缘和合导致结果，那因缘和合也是假合，能结其果也是"无生之果"。故当物无实在自性时，其因可以随缘变化，那果，当然随因缘和合之变而变，之所以能变才能满足效用，就因为，因缘假合，故不会陷入机械的死循环之中。这种因果规律的变化观，及本无由因到果的"无生观"，是大乘佛教的特殊智慧和认识世界的认识论和方法论，也是东方国家人们的特殊才能，对世俗世界有因有果有变化，而对圣境世界无生无变，是一体两面的融合观。

根据规律一我们作如下推论：财富是能量表现的结果，能量的大小取决于心量的大小。心量的大小受两种不同的状态影响。举部分心理行为列表如下：

表 3.1　心量大小与心念的关系

心大致导 ←—————— 心量 ——————→ 导致小心

舍得	贪图
欢喜	悲伤
诚实	谎言
慈悲	嗔恨
孝顺	忤逆
⋮	⋮

以上我们举例说明规律推理，真正的心灵与能量关系，我们会依据佛学的《百法明门论》，来做简单的阐述和解释。现在回到心理状态：心灵越大，智慧越高，则其财富会越多，因为财富是心灵

能量的表象。按照这个因果规律，则有：

规律二：能量越大，财富越多。财富向能量大的方向流动。反之则反是。

财富越多，人生越幸福吗？回答是：不一定。财富是人生幸福的必要条件，但不是充分必要条件。有财富的人往往痛苦，财富少甚至是无财富也可以很幸福，这是什么原因导致的呢？这是因为虽然你的能量大，但其运用财富的心念不一定合乎道和德，不一定合乎正义，那由此会产生负的能量，来消耗原有的正能量，这样财富会消耗很快，乃至全无。故老子于《道德经》上言"福兮祸所伏，祸兮福所倚"[①]就是这个道理。其理论根据的是因果律的推论。即善因得善果，恶因得恶果，恶果不可能是幸福的表现。故有：

规律三：能量因与心灵和合，故有方向性。能量与正心念和合，是正能量。能量与负心念和合，是负能量。正能量给人们幸福；负能量则带来祸害。

这个规律基本解释了即使有其能量，即使有财富，也并不一定有幸福的人生这个普遍现象。幸福与否，看其能量是否为正能量。而心量的正负是指：利益别人的心念和行为，是正能量；自私自利的心念和行为，是负能量。

这样的分析似乎与市场经济表现的状态相矛盾。西方主流经济

---

① 参见《道德经》第五十八章。

第三章 根本规律部分

学家基本一致的观点是：市场经济是因为人的私利之心才导致的自由经济，而正是因私利之心的竞争才让财富有了较大的增长，国民经济的发展和国家竞争力皆依赖于此作为基础，那么，这是否与以上所说的原理相矛盾呢？我们对此回答说，非但不矛盾，刚好是以上规律原理的运用。这是因为当资本家意欲赚取利润的行为产生之前，已经不自觉按因果规律要先行付出财富，而自己的财富的付出即资本投入所产生的产品是利益别人，故舍得和付出是财富生成的种子，能利益别人是正心量显示的正能量，故资本家利润所得和财富增长正是以上规律的显现，他们不完全在市场上唯利是图，损人利己。稍有常识的企业家或个体人都知道损人不可能利己。故企业家提倡一种精神，即奉献和勤劳的精神，勇于开拓和冒险的精神，把顾客当上帝的服务精神，创新产品利益别人的精神，解决就业利益劳动者的精神，上交税收利益国家和社会的精神，这才是企业及企业家真正的灵魂。更何况唯利是图损人利己不道德的行为在市场上不但不能长久，还会受到道德和法律的约束及制裁，资本带有的能量流动是一种过程，而这些精神才是经济实体中的实质。

西方经济学的古典主义学派与新古典主义学派，常常肯定市场均衡理论，这来源于经济人是"理性"的假说，以及市场具有"自发功利"的调节功能，但屡屡遭到非均衡学派所批判，认为市场均衡是一种特例，非均衡才是一种正常状态。两种学说中若主张均衡论，则无须用例如政府干预等外力作用，任由市场的调节机制即可，这也是自由经济的理论基础。当然持非均衡学派的人，则认为市场非均衡是经济动荡的根源，经济发展有波动性的周期，解决问题除了要市场的自身调节外，若市场失灵需要外部力量，比如政府干预等来进行调节解决。这两种理论倾向听起来似乎都有道理，让非经济专业的人们莫衷一是。若以能量经济学的眼光考察，其实这种理论，与其说是两种矛盾的倾向，不如说是一个事物的两个方面，根本没有矛盾之处。在市场经济中，流行着相互制衡的两种能量，一是需求的能量，一是供给的能量。这两种能量随人们的内心欲望在起变化，不可能完全平衡相等呆滞下去，而是当需求能量加强时，供给能量暂时表现弱些，则体现市场供不应求；反之，当供给能量加强时，则会表现供过于求，价格的上下浮动，是能量暂时失衡且很快表现守恒的信号。因此动态上的不平衡，正是为了常态上的平衡。这也是因果规律的作用，为此，我们推导第四条规律如下：

规律四：经济能量守恒导致市场均衡，"中道"能量的实相守恒，才是真实的经济的象状。破坏"中道"能量守恒的，只能是心念欲望。

前面的因果规律已经揭示："善人得善报，恶人得恶报。"此报应因为因果规律的存在丝毫不差，否则能量无法守恒。而人们无论是从事经济活动，还是公共服务，或科研教育，其真正的目的都是为了获得幸福，这应当是人们的唯一最高指标，无论是追求自由也好，还是追求民主也好，都是奔向幸福的目标的。而能量经济学研究的核心，是人生幸福与经济关系问题，否则，离开人类幸福谈

第三章 根本规律部分

论经济毫无意义。心量越是广大,释放的能量越大,成就的事业也越大,人越有自由的能量,幸福感会越强,这是正能量的表现形式,因为只有正确的心念,才能释放出正能量。反之,错误的,或自私自利的心念,只会释放负能量,那就破坏人生的事业,当然也破坏人生幸福。故有:

规律五:正能量表现为人的幸福能量,正能量大的人幸福感强。负能量表现为人的痛苦能量,负能量大的人痛苦感大。

图 3.2　心灵能量与经济能量和人的幸福模型表现如以下模型：

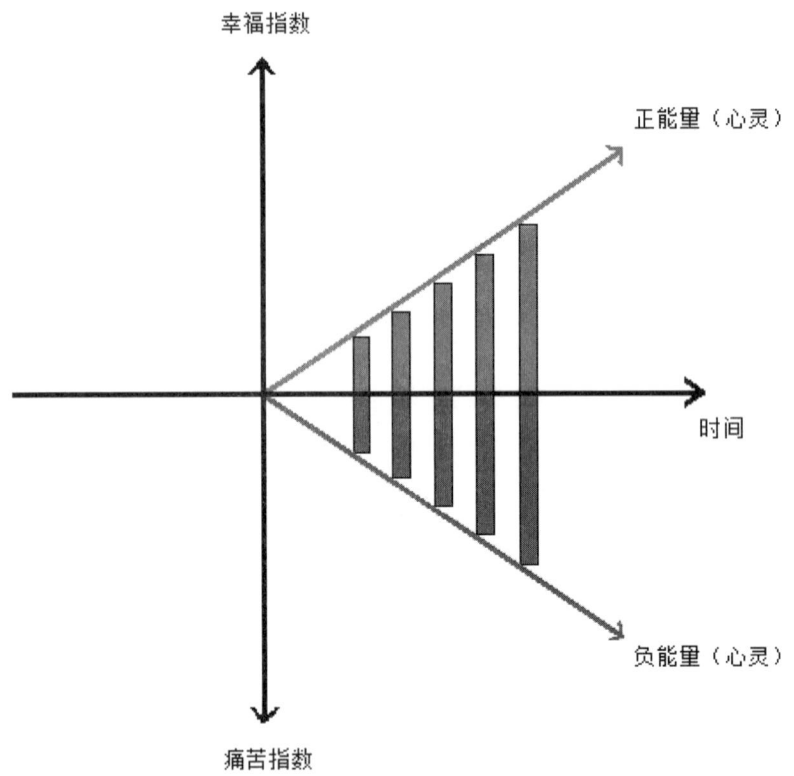

本节五个规律的结论：

规律一：能量经济学符合因果规律。

规律二：能量越大，财富越多。财富向能量大的方向移动。反之则反是。

规律三：能量不离心灵。能量与心灵和合，故有方向性。

能量与正心念和合，表现为正能量；能量与负心念和合，表现为负能量。

规律四：经济能量守恒导致市场均衡。

"中道"能量的实相守恒才是真实的经济现状。破坏"中道"能量守恒的只能是心念欲望。

规律五：正能量表现为人的幸福能量，正能量大的人幸福感强。负能量表现为人的痛苦能量，负能量大的人痛苦感大。

3.2 能量经济学的心灵作用

前几章的论述中，早已涉及经济能量与心灵能量的相互关系，经济活动中体现的是能量的流转，而经济物质财富是能量的外在表现，且经济中所蕴藏的能量又是来源于心灵的能量辐射。即心灵能量又决定着经济能量，这就构成了心灵能量和经济能量的"二量"关系基础。在下节中，我们会依照这样的观点，探讨心灵在能量经济学所发挥的作用。

3.2.1 心灵能量与经济能量的定性与量化分析

孟子讲：成全事业者必具备三个要素：一是天时；二是地利；三是人和。这三个要素必须齐备才能成就事业，比如农民种植，不按"天时"则种子不会发芽生长，没有"地利"则种子没有种植之处，若无"人和"则没有劳动者，企业生产道理亦是相同。在《荀子·王霸》中说："农夫朴力而寡能，则上不失天时，下不失地利，中得人和而百事不废。"但孟子又说："天时不如地利，地利不如人和。三里之城，七里之郭，环而攻之而不胜。夫环而攻之，必有得天时者矣；然而不胜者，是天时不如地利也。城非不高也，池非不深也，兵革非不坚利也，米粟非不多也；委而去之，是地利不如人和也。故曰：域民不以封疆之界，固国不以山溪之险，威天下不以兵革之利。得道者多助，失道者寡助。寡助之至，亲戚畔之；多助之至，天下顺之。以天下之所顺，攻亲戚之所畔；故君子有不战，战必胜矣。"① "人和"的变化决定"天时"和"地利"的变化。孟子的成事三要素，也如同西方经济学家分析的各种生产要素，只是孟子指向不是简单的生产经济现象，也不单是企业主或资本家狭小范围。虽然从军事方面来分析论述天时、地利、人和之间的关系，但观点鲜明，百姓不是靠封锁边境来限制人员流动，国家也不是靠山川险阻得到保卫，而是要实行仁政，弘扬大义，"得道者多助，失道者寡助"，"夫如是,则四方之民襁负其子则至矣"。② 各国人士都来申请经商务农，甚至携带妻子儿女前来移民定居，哪有经济不繁荣兴旺的呢？虽然孟子只是概论，但其道理至今颠之不破，若把他讲的三要素，按西方经济学惯例做成函数模型，则有：

$$Q=f(m \cdot c_1 \cdot c_2)$$

---

① 孟子：《孟子·公孙丑下》
② 孔子：《论语·孟子》

Q 表示经济能量，m 表示地利，即物质能量，c_1 表示天时能量，c_2 表示人和能量，则会有以上能量函数关系。其中 m 所表示的物质能量，也可看作生产资料和投入资本。

以上的能量函数关系可以看出，中国古人早已知晓，时空也具备相当大的能量，对比西方经济学早期一直没有认识到时间和空间的能量价值，思想上要超前和优越很多。在当代西方经济学中，越来越重视空间地理的发展优势，以及产业聚集的能量效应。比如西方经济学认为空气不是生产制造出来的，也不能用来交换，是全体人共同享有的，故无商品价值。但中国东方的古老智慧却不这么看，地理空间的差别优势是人心作用的结果，空气质量的好坏与万物生长都有关系，时空之中充满能量，比如现代人移民去优质的环境居住，本身就是时空能量价值的体现。企业或个人的微观经济活动，若无"天时"相合，则会损失巨大，因为生产出来的东西根本不会有人去用，即使有内藏价值，但无效用，故无法成就交换获得利益。

"天时"也是机遇的含义，对"天时"的把握是心灵智慧上的事情，故"天时"的因素可转换成心灵因素。精神的力量表现为两种：一种是精神的正确性，另一种是精神的广博性。而天时正是精神正确性的运用，能精准地把握机遇；人和是精神的广博性，让人们为一种目标而相互团结和互助。"人和"即是人脉关系，是人与人之间的交往，更是思想心灵方面能量的体现，按此理则 c_1 与 c_2 基本相当，那么上述的函数关系可变为：

$$Q=mc^2 \text{（} c_1 \text{ 与 } c_2 \text{ 同一性合成于 } c\text{）}$$

看到这个公式人们可能马上会联想到爱因斯坦的能量公式，$E=mc^2$。E 表示物体运动产生的能量，c 是光速（常数）。爱因斯坦相对论中揭示的能量公式曾震惊科学界，成为原子弹爆炸的理论基础。我们在此列出经济能量与心灵能量的关系，只是为了能直观定性说明原理，并不是准确的定量分析。

而大众所熟知的，世上没有任何物体的运动速度可以超过光速的，故光速作为常量可以形成能量生成的参照系，以此来计算出物体运动的能量。但人们的意念速度可能会超过光速，光速虽快，但毕竟需要运行，而意念是一念即到。无论给定多么遥远的边界，只要意念一动，则当时即到，由此可见意念力量之大和能量之巨。如果意念力量超过光速运行的力量，速度也超过光速，那么意念完全可以驾驶光速，也许，光速就是心灵光明的外射形成的，果真如此，经济能量与心灵能量的公式 $Q=mc^2$ 也可似作成立，当然，这有待于科学家对意念能量的实验测证。

近期有两本书出版，一本是由美国精神学博士乔·维泰利和心理学家伊贺列卡拉·修·蓝博士合著的《零极限》，讲述修·蓝博士在夏威夷州立医院治疗犯罪病人的故事。他在信中回复道："我从 1984 年到 1987 年，以全职心理学家的身份在那里服务三年，每周在收容男性犯罪的高度戒护单位工作20小时，那些病人犯下的罪行有谋杀、强暴、吸毒和暴力攻击他人，强抢财产等。"[1]"治疗后，当我在1987年7月离开那个单位时，①隔离病房已经不再被使用了；②手铐和脚镣也被收了起来；③暴力行为相当少见，通常只发生在新来的病人身上……"[2]这个真实故事神奇的是修·蓝博士没有与任何病人见面，没有为单位里的病人进行任何治疗或咨询，没有参加任何跟病人有关的工作会议等。只是用"我爱你，对不起，请原谅，谢谢你"的"忏悔"和"感恩"意念，念着每个病人的名字，就这样治好了病人。用作者的话说："零极限就是回到零的状态，在这个状态中，什么都不存在，但什么都有可能。在零的状态里，没有思想，没有言语，没有行为，没有记忆，没有定式，没有信念，没有任何东西，一切只是空无。"[3]这个例子可以论证我们在第二章的逻辑推理形成的万物空无自性的结论，此时虽然什么都没有，但一切都可能存在，尤其是能量表现为无穷，如果说修·蓝博士因放空自己回归本源即"零状态"，那释放巨大的正能量治好病人的解释也是说得过去的。

另一本书是日本科学家江本胜博士的著作《水知道答案》。

---

[1] 乔·维泰利、伊贺列卡拉·修·蓝：《零极限》：华夏出版社，2011年第7版，第173页。

[2] 同上书，第174页。

[3] 同上书，第11页。

日本的江本胜博士，研究医学，自1994年起开始在冷藏室中拍摄和观察水结晶。给水听音乐，让水读文字，因为音乐的内容和文字的表义不同，水的结晶表现差异很大。现摘取几幅水的结晶图，以启发读者对自然界和心灵能量有些直观的认识。

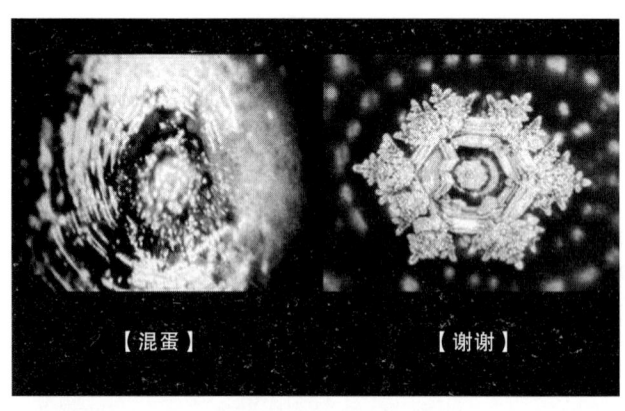

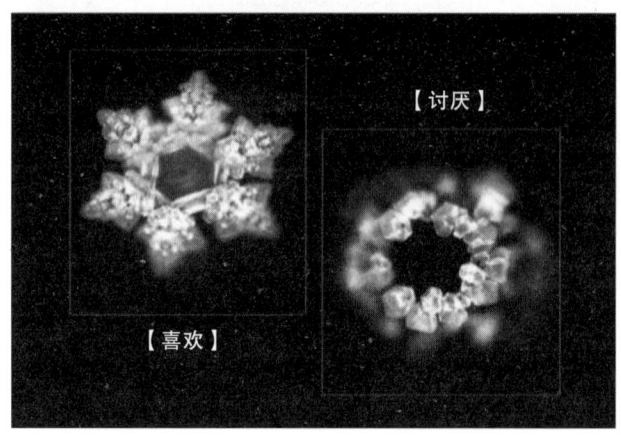

资料来源：江本胜著《水知道答案》

为此江本胜博士总结说："从我开始拍摄水结晶，以全新的方法与水相识相知至今，转眼已八年。在此之前，我一直用波动测定法，进行与水相关的研究，知道水还有结晶这种独特的'容颜'之后，才发现水实际上还有着万种风情,甚至通过它的结晶,向我们传递各种信息。我们在研究中看见,与自来水相比,各种各样的天然水结晶可谓美丽至极;当水听到了好听的音乐时,呈现的结晶更是美不胜收。此外,把'谢谢'与'混蛋'两个词写给水看,它的结晶便会形成非常强烈的对比。这一切表明,我们人类应该更加珍视生命,享受生命流光溢彩。"[1] 这是他的一个实验。另一个是用意念的能量消散云彩的实验。

为了说明人的意志对这个世界到底能产生多大的影响,据说有人通过"消云游戏"去验证,想必就是用人的想象力去使云消散。

"找个晴天,从漂浮在晴空中的无数云朵中选定一朵作目标,如果选择的是夹杂在很多云朵中的小云朵,可能更容易令其消散。

做'消云游戏'时,最重要的是要做好心理准备。首先要对自己深信不疑,相信自己绝对能让云消散,此外就是不要太过专心致志。因为这有点像逆向思维,如果太过专心致志,恐怕反倒无法适度传达能量。

做好心理准备之后,在脑中想象从你的内心向云朵发出了肉眼看不见的波。记住要尽量让能量准确地对准你的目标,也就是,那朵你希望其消散的云。然后,对云说;'云不见了。'同时再对发出的能量说:'谢谢你。'只要按照这个顺序做,云就会慢慢变淡,

---

[1] 江本胜《水知道答案》,电子工业出版社,2012年版,第249页。

并在几分钟之内消失不见。

不论这个游戏是否可以验证，许多人都承认，人类的意志具有强烈地影响万物的能量。云是由水构成的，所以应该更容易对人的意志产生反应。

在过去，如果说人的意志可以影响物质，总不免遭到'不科学'的非议。但现在最前沿的科学已经发展到，不进入精神或意念等非肉眼可见的领域，便无法解释很多东西的境地。

从量子力学开始，到荣格学派的分析心理学，再到遗传基因学派，都已开始肯定在我们居住的三维空间外，另有一个肉眼看不见的世界。据说，那个世界不仅看不到、摸不着，而且就连时间都不存在。"[①]

我们在此举这两个例子，并不是要喧宾夺主，而是想说明心灵能量的无限潜能，只要将此释放出来，那么一切皆有可能。丹麦作家陶·诺瑞钱德（Tor Norretranders）的著作《使用者的错觉》中，有一句话："宇宙起始于空无的镜像投射。"这句话与我们前面的推理有异曲同工之妙。

3.2.2 心灵能量与经济能量的表现关系

美国著名心理学家大卫·霍金森，也对心灵产生的能量做过一番研究，他还在其论文之中发表过心灵能量表：

---

① 江本胜《水知道答案》，电子工业出版社，2012年版，第249页。

第三章 根本规律部分

图 3.3 霍金森的心灵能量表

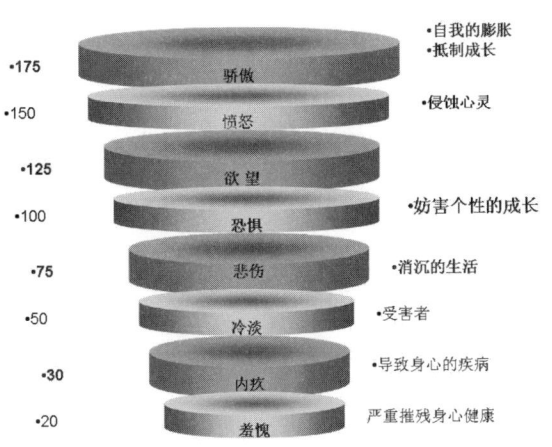

第二个能量图，应当是负能量的表现，因为是由心理负作用引起的。这也是心灵能量应用的一个范例特征，当运用于经济学方面，也有此类似特征。后面的章节，我们会专门举例个人和国家，因其心灵能量导致的经济能量而成就经济繁荣的事例。霍金森的感知方

· 101 ·

向是对的，但对心灵的研究却是偏离的，涉入相对较浅。为了能正确说明心灵能量与经济能量的相互关系，心灵的状况到底表现如何，我们特选择古印度天亲菩萨所造的《大乘百法明门论》中所讲的一百种"心"法为所依，来帮助认识并希望改善心灵能量的作用与表现。

《大乘百法明门论》之题解是："大者，拣小为义。乘者，运载得名。百，数也。法，谓世出世之法故。心法八，心所法五十有一，色乃十一，不相应二十有四，无为法六，故为大乘百法也。明，乃菩萨无漏之慧，以能破暗故。"[1]

---

[1] 窥基：《大乘百法明门论本地分中略录名数解》，《大正藏》No.1836.

表 3.2 百法列表如下

总法名称	细法名称		数量
心法	眼识、耳识、鼻识、舌识、身识、意识、未那识、阿赖那识		8种
心所法	遍行法有五：	作意、触、受、想、思	5种
	别境法有五：	欲、胜解、念、三摩地、慧	5种
	善法十一	信、精进、惭、愧、无贪、无嗔、无痴、轻按、不放逸、行舍、不害	11种
	根本烦恼六	贪、嗔、痴、慢、疑、无明、不正见	6种
	随烦恼二十	忿、恨、恼、覆、诳、谄、娇、害、嫉、悭、无惭、无愧、不信、懈怠、放逸、昏沉、掉举、失念、不正知、散乱	20种
	不定法四	睡眠、恶作、寻、伺	4种
色法	眼、耳、鼻、舌、身、色、声、香、味、触、法处所摄色		11种
心不相应行法	得、命根、众同分、异生性、无想定、无尽定、无想报、名身、句身、文身、生、住、老、无常、流转、定异、相应、势速、次第、时、方、数、合和性、不和合性		24种
无为法	虚空无为、择灭无为、非择灭无为、不动无为、想受灭无为、真如无为		6种

以上所列一百种心法相，因为内容艰深，不能为一般学者和大众了解，故此处不做深入论述和解释，仅涉及到能成就能量的善心所十一种心所法，和烦恼恶心所的二十六种心所法，做一些考察，以此，引善止恶，让心灵中升起正能量，下降负能量，为增长财富，实现国富民强和人生幸福而作助力。

中国古代著作有"诗以言志，文以载道"的提法，所谓"言志"和"载道"，皆是承载道德为文为诗的主要任务，无非通过文句诗词熏陶人们的心灵，使之可以趋利避害，断恶生善，纯洁高尚人之品格。而在《百法明门论》中指出的八种心法也称，"心王"能造一切有色无色之法，色法中既包括西方经济学所指的一切有形要素，也包括无形之色法（只是尘相极微，肉眼不能目视，现借取科学仪器，虽然补其眼睛之不足，但所见极微尘色，也是挂一漏万的），故佛教"唯识学"中又有"万法唯识"之说。眼所观之尘色，耳所闻之尘声，鼻所嗅之尘香，舌所尝之尘味，身所接之触尘，都由八种"心王"所造出来，更何况还有无色之心所法。"心王"为能造，"心所法"为所造，形成能所对立，产生心外色法尘境，依照此理，则物质所含能量，由心灵传递流露过来必为真理之谈。人们希望取得物质财富的增长，又怎能不关注心灵善念正能量的培养？在上述的善心所的十一种心法中，第一信法就是要相信真理，相信圣人所言量，相信心为能造，其他为所造，相信正能量可以增长财富，让人幸福快乐，这些都信的能量所生长出来的善法。相反，疑心所则是烦恼恶心所，

第三章　根本规律部分

怀疑真理，不信怀疑圣境，和圣所言量，增长无明黑暗，心暗无光，不能辨别是非对错，导致人生痛苦和悲惨象状。其他的如精进、惭愧、无贪、无嗔、无痴、轻安、不放逸、行舍和不害，都是止恶防非，断恶修善的方法。而根本烦恼有六大：贪、嗔、痴、慢、疑、无明、不正见，以及随行二十种烦恼：忿、恨、恼、覆、诳、谄、娇、害、嫉、悭、无惭、无愧、不信、懈怠、放逸、昏沉、掉举、失念、不正知、散乱等恶心所，所能成全的能量必定是负能量，负能量之生成，必然构成人生的烦恼与苦闷，故是人生幸福的反向之能量，当然无幸福可言。

中国儒学同样为提升心灵正能量，以孝、悌、忠、信、礼、义、廉、耻八德，涵养清洗心灵。儒门只用一"孝"字就能治理天下，因为孝德是立人之本，是万善之门户，故《孝经》上讲："孝悌之至，通于神明，光于四海，无所不通"[①]，可见孝德而成就的能量巨大。在《大学》之书中提到八个"内圣外王"的纲目，即格物、致知、正心、诚意、修身、齐家、治国、平天下。"格物"，是格除物欲，只有无物欲不累其心，才能让心净明，方能知晓真理，故格物是为致其真知。只有做到知其所真理，才能静其心，诚其意，修其身，这是内圣之学，成全内德。内德成就，则其德性的正能量巨大，必能齐家、治国和平天下，这是"外王"之学，内圣而外王，是一体两面之事，

---

① 《孝经》，云南人民出版社。

融于一德之中。既然能治国、平天下，那创造国民财富，或让自己财富增长，岂不是自然而然之事？故孔子于《大学》中简明扼要指出财富的来源和创造是："有德此有人，有人此有土，有土此有财，有财此有用。德者本也，财者末也。"① 以德为本，以财为末，本末一体，如同树之有根，根深叶茂，花果自然繁荣。聪明学者只要抓住这个纲目，提纲挈领，则人生财富和幸福就会迎刃而解。我们把这一范畴的能量经济学比喻为"黄金"价值理论，当然是实至名归。

3.2.3 思想的力量

亚当·斯密在《道德情操论》一书中说："只有在社会中才能生存的人，就这样被自然女神塑造成适合他要生存的那个环境的人。人类社会的所有成员需要互相帮助，但是，所有成员又可能互相伤害。如果社会成员互相提供必要的帮助，是基于爱，是基于感激，是基于友谊与尊重的动机，那社会一定繁荣兴盛，而且一定快乐幸福。所有个别的社会成员，全都被令人愉快的爱与轻易的绳子绑在一起，并且仿佛被拉向某一共同的友好互助生活圈的中心。"② 我们说社会经济的繁荣发展，人生又能幸福地安居乐业，就是基于这样的思想的力量，所形成的爱与情义，形成的互助和关心，形成的感激与感恩，形成的恢弘与大度。因此，传播正义思想的力量，正

---

① 《大学》，第十章，中国华侨出版社。
② 亚当·斯密：《道德情操论》，中央编译出版社，2015年版，第103页。

是经济学的核心内容，也是能量经济学的核心宗旨，研究的经济理论永恒地以人为本，以人的幸福作为经济学的价值判断标准来展开和发展。既然思想的能量直接决定着经济能量，直接关系到国民的富裕和财富的增长，关系国家的发展，那么，专门探讨思想的力量应当作为能量经济学必然因果律上的基础。

思想的力量表现在对真理的永恒追求上。米塞尔在其巨著《人的行动》（1949年）中列举了他人的错误的经济命题后说："对这些错误的看法，应对之道只有一条：毫不松懈的寻求真理。"[1]

在追求真理，表现思想力方面有过辉煌的时代。德国著名哲学家、思想学家卡尔·雅斯贝尔斯，曾在其著作《历史的起源与目标》中提出"文明轴心时代"的概念，他说：公元前500年后，同时出现在中国、西方和印度等地区的人类文化突破现象称为"轴心时代"，即公元前800年—前200年，发生的精神运动，标志人类历史正处于一个轴心时期，公元前500年是其高峰期。此阶段的中国，诞生了孔子、老子、庄子、墨子等各派思想；在印度是佛陀的时代；巴勒斯坦出现了以利亚、以赛亚等先知；希腊涌现出荷马、赫拉克拉特、苏格拉底、柏拉图等贤人哲士。所有这一切几乎同时而相互隔绝地在中国、印度和西方产生。[2] 考察文化发展的历史，的确如亚

---

[1] 路德维希·冯·米塞斯：《人的行动》，上海人民出版社，2013年版。
[2] 卡尔·雅斯贝尔斯：《历史的起源与目标》，华夏出版社，1989年版。

斯贝尔斯所说的那样，西方文明的源头虽然不是自古希腊始，但由古希腊时期的如苏格拉底、柏拉图、亚里士多德等一大批思想巨人所奠基，和后来基督教创始人耶稣开创，并形成其历史文明，一起开启了西方文明的源头和发展之路。16世纪在欧洲爆发的"文艺复兴"，依然是由笛卡尔、伏尔泰、卢梭、休漠、康德等一大批杰出的思想家，兴起的思想启蒙运动，将文化复兴到"以人为本"的古希腊时期，由此而成就了今日蔚为大观的西方文化和文明。在古印度，同样是由公元前6世纪的释迦摩尼佛，洞察人生：生、老、病、死之苦，经其实证而提出并弘扬的"诸行无常，诸法无我，涅槃寂静"的宇宙法相之本性标准，并经"苦、集、灭、道"之路，走向人生彻底圆满的解脱，实证"涅槃寂静"圣境和已获解脱的圣者，以六度万行的大乘气象和菩萨无我无畏精神，及"众生一体"的真理观，倒驾慈航回归众生世界，再来救度受苦受难的芸芸众生，由此开出了光耀世界宇宙的古印度文明的灿烂莲花之光明，至今仍普照着宇宙人生。

中国文明更是世界五大文明最为绚丽耀眼的一支，五千多年滔滔不绝的文化长河，自三皇五帝，夏禹商汤，到文武周公的文化积累和沉淀，于春秋战国时期，经孔子集儒家之大成，老子集道家之大成，后又分别被孟子和庄子发扬光大，直至东汉而后，与佛教文明汇融一处，儒释道文化鼎足而三，成就中国文化文明盛象，至今强盛不衰，涵养孕育中华民族。

第三章 根本规律部分

由上可见,雅斯贝尔斯总结出的"文明轴心时代"是深入人心的。而由这些思想大师们的思想力量,所产生的巨大能量和力用,仍然是世界各国人们成长和发展,追求人生幸福,民族盛荣,社会安定和谐的清水源流。因此,凡能融入这些思想大成者的著作中,都能感受其中蕴含的巨大能量和价值,会因其思想改变着自己的思想,因其认知改变着自己的认知,因其价值判断增益着自己的价值判断,因其品质高清而影响着自己的品质精神。故"知识就是力量","知识就是财富"。而"知识也是能量","能量也是财富"是基于这样的认知来论说的。

也许有的人会说,研究经济学不应该宽泛到如此地步,应当本着经济产生的现象,诸如市场、计划、生产、消费、供给、需求、价格、利率、就业、创新等等方面来发现规律,指导经济实践。在这些方面,西方经济学已经是学说林立、汗牛充栋了,其学术思想,异彩纷呈,甚至令人眼花缭乱,目不暇接,我们之所以将其理论价值,昵称为能量经济学的"白银"价值理论,就是吸收其营养价值。但因西方经济学过于关注经济现象,导致一些经济学家们的自说自话,让一般的经济工作者像遇到一只团起的刺猬一样,不知如何下手。因此西方经济学虽然研究精湛细密,条分缕析,但脱离大众的实际效用已越来越远,且由来已久,如同西方哲学逐渐没落一般,西方经济学说的琐碎、繁杂和一叶障目的现实,也迟早会成昔日黄花。

但自西学东渐以来,中国人由于科技上的落后,经济上的贫穷及思想上的匮乏,已失去中国固有文化及学术上的自信,一边倒式的信奉西方文化,包括西方经济学说,甚至将其列为自己的"圣经",在翻译、解释、消化、吸收、宣扬上品尝着残余剩饭。例如清华大学经济管理学教授,在推荐美国著名经济学家管理学大师迈克尔·波特所著的《国家竞争优势》所作的推荐序中写到:"近来读到李零教授的《丧家狗》,这是一本正正经经地解读《论语》的专著,在李教授看来孔子是'一个好古敏求、学而不厌、诲人不倦、传递古代文化、教人阅读经典的人',一个四处游说,替统治者操心,拼命劝他们改邪归正的人,但他'颠沛流离像条无家可归的流浪狗'。在为如何写这篇推荐序而烦心时,我看到李教授对孔子的描述,一下子就想到了波特教授,我以为,波特教授虽然与孔子远隔万水,相距千年,无法相提并论,但他的工作却像极了孔子,以劝说和建言为业,然而,与孔老夫子完全不同的是,波特风光至极,所到之处都是鲜花、掌声和无数请求合影的崇拜者。我第一次见到波特教授,就是这种场面。而他张口闭口就是什么州长、总统,或是巨型公司的总裁,显然尽是他的座上宾。所以,如果说波特教授今天的生活像个执剑的大侠,他也是一个踏着鲜花的'侠客'。同一职业,境遇如此不同,不由得让我感叹时空差别的曼妙。"[①]这位教授在推荐序中以如此心态,将孔子与波特放在一起对比,还声言"无法

[①]【美】迈克克·波特:《国家竞争优势》(上),中信出版社,2012版,第Ⅲ页。

相提并论",但看到波特风光无比,心生渴仰,顶礼膜拜,将孔子的颠沛流离看成是"流浪狗",其心灵文化之浅薄,对有财有势的顶拜,对荣华富贵的艳羡,以及对中国传统文化的轻视,满怀高傲自大的那份庸俗,变成了这个时代的最大悲哀。

佛学经典上讲:"一切法由心想生"[①],"制心一处,无事不办"。[②] 心领神会的人则知,个人的财富与幸福,国家的兴旺与繁荣,民族的强大与和谐无不是来源心灵的作用。儒学书中的《大学》开宗明义:"大学之道,在明明德,在亲民,在止于至善。"[③] "明明德"就是光明其"明德",是开发并流露人人内心本有的光明之德。光明本德是人人原本就有的,在圣位,不增,在凡位,不减。其光明本德,具备一切功德,一旦开显流露,无不心想事成。但由于人们虚妄追求名利,对自己及其外在的对象,痴执住著,种下许多恶业,变成遮蔽光明本心的迷雾,丧失了自己的灵明智慧,对世界呈现的真理与真相茫然无知,才造成了今日的竞夺乃至战争,贫穷与愚痴,烦恼和痛苦。但光明本德内心本有,如同太阳,人因贪嗔痴种下的恶业,形如云雾,能遮蔽阳光,但只要戒、定、慧之风一吹,则云雾会自然消散,如同千年的暗室,哪怕只有小火柴之光,黑暗也会自动消去。故光明是根本,黑暗是虚妄。只要获得开发光明本德之道,

---

① 《乾隆大藏经》中的《大乘广佛华严经》。
② 《乾隆大藏经》中的《遗教经》。
③ 《大学》第一章。

并持之以恒,因缘际会之时,内心的光明德性就会喷涌而出,全体大用,自然流行于内心,圆融的功德,无不显现出来。以此,寻求得些财富之类,那就是小儿科了,因为财富是内心光明流露照见的结果,是内心能量呈现出来的。这就是儒、释、道三家之学共同之处,这当然也是"内圣"之学,因心"内圣"而可"外王",才能"亲民"。"亲民"在此有两重意思:一是慈悲关怀。因为,人迷本觉,对内心光明茫然不知,造成诸多痛苦悲惨之事,而众生同心同体,圣心必会流露无限慈悲,救度众生之苦,亲切爱民;二是教育之义。众生求不得苦,是因为不懂得真理之"道",若将此"道"传授于民,则因道而实际践行,自会解脱。佛学上讲的"苦、集、灭、道"的"道"就是此义,指的是规律方法和原则。老子的《道德经》之"道"也是此"道",老子与《道德经》上言:"吾言甚易知,甚易行,天下莫能知,莫能行。"[①]能够亲切爱民教民育民,解民之苦,予民之福,这就是至善之事业。故"大学之道:在明明德,在亲民,在止于至善。"离此则不是大人之学,也不是大道之学,是置业末流之学矣。读者可用此中国传统文化与西方经济学流派对比分析,其大其小泾渭分明。

中国现在提倡民族复兴大业,在复兴的诸业理想之中,重中之重是文化的复兴,要追踪古圣之迹,回复文化源头,寻找经典智慧,

---

① 《道德经》第七十章。

第三章 根本规律部分

实现文化创新。现代学者必要放下傲慢与偏见,借鉴西学,回归经典,博采众长,增长自信。科学靠实验,经典靠实证,万不可如上述举例的学者于古学一知半解,又不能践道履德,无自知之明,也无知人之慧,妄下结论,损失民族文化的信心。

因文化复兴最为关要,在《大学》中将"大学之道"详解如下:"欲平天下者,必治其国;欲治齐国者,必齐齐家;欲齐齐家者,必修其身;欲修其身者,必诚其意;欲诚其意者,必致其知。致知在格物。""格物致知"有二重含义:一是格其物欲。人因物欲而增长无明(缺乏智慧,光明被覆之义),因无明无慧而生贪嗔痴慢,因竞物夺利而杀伐戮戈,小则伤己害家,大则战火不断,生灵涂炭,致社会于无序,致民族于灭亡。故要格除物欲,让身心彻底"自由"。二是因格物而知物"性",知物"性"而明物"理",明物"理"才能明人之"性理",明人之"性理"才能诚其心意,心净意诚才能修其身,修身的本意不是康健身体,而是依靠身体广为善行,广积德本,随着善行日增,德本日益充盈,内境光明日渐流露,内心功德日渐圆融,修德至此,"齐家""治国""平天下"是自然之事。君不见,儒、道之学源于中国,释之学源于印度,后传至中华三学汇一,不但深植中华大地,同时还广传日本、韩国、泰国等周边诸国,现已日渐西移于西方发达国家,造福于各国人民,且经久不衰,又日久弥新,这种圆德圆善之大气象,造福万民之功德,岂是西方一般学者可能相提并论的?《大学》中第一段讲:"物有本末，事有始终，知所先后，则近道矣。"这就是大学之"道"哉！我们研究经济学，也必须要知事物之本末和始终，才能接近真理，完善学问，造福人类。

第四章　能量经济学的运用

于前面章节，我们已经广为表达了能量与心量之关系，经济能量与心灵能量这二量的定性与定量分析，并提供了一百种心法来简单说明善心所和恶心所对心灵能量的影响，能量经济学的运用也涵设其中。由于今人很难了解"内圣"之学（不能诚其意，修其身所致），当然会更加迷惑"外王"之术（内明不发，于外乏术），一味本着固执己见跌落于庸俗之学。现在我们将依照能量经济学列出的规律原理，专收于宏观经济领域和微观经济领域，做出适当的探讨。

4.1　能量经济学之于宏观经济领域的运用

美国著名经济学家曼昆，在其著作《经济学原理》一书的最后

部分留下了六个经济学界的争论和疑难问题：[①]

货币政策与财政政策的决策应该稳定经济吗？

政府应付衰退应该增加支出还是减税？

货币政策应按规则制定还是相机抉择？

中央银行应把零通货膨胀作为目标吗？

政府应该平衡预算吗？

应该为鼓励储蓄而修改税法吗？

这些争论不休的经济问题像拧着麻花般自始至终麻缠着人们的认知和判断，有时又像兔丝草一般混乱不清。对此，我们依照财富的性质为能量的显现的定性标准，来进行简要解析和说明。

4.1.1 自由市场经济和国家干预经济

前面说过：在西方经济学说史上，一直都围绕着经济自由主义和国家干预这两条轴线，展开理论研究和提出政策主张，更多地是体现矛盾和对立。尤其是市场的自由主义，是经斯密总结带有普遍性的心理现象为问题出发的原点，故有合乎自然法则方面坚强逻辑的论证，深刻而自然，令人信服。以后在西方经济学发展史中，一直扮演着主流角色和统治地位，中间（20世纪30年代）虽曾让位于凯恩斯经济学一段时间，但其后仍是登在主流经济学的位子上。

---

① 曼昆：《经济学原理》，宏观经济学分册，北京大学出版社，2012年版，第36章。

第四章 能量经济学的运用

这种现象本身就需要研究经济学的专家们予以足够的认识和深刻的判断。

另外,至今我们也尚未看到关于政府干预经济,是否是合乎自然法则方面的论证,即"政府干预"一词尚没有"合法"的地位。凯恩斯经济学试图说明政府干预的合理性,但因为不是从普遍的心理原则出发,而是从通货膨胀、失业、需求、资本边际效率、货币数量,及工资和商品价格等经济现象的枝节中去寻求答案,结果是犹如一个人生病后,临时需要求助一位医生,当病情消退,恢复健康,或病情转好,医生不再适合扮演角色一样,政府又会黯然退到幕后,犹为激进的经济自由主义所炮轰。

那么,我们依照能量经济学的观点,是否可以找到政府干预合乎自然法则(即合法)的身份呢?这是经济学界上的大是大非问题,必须得以澄清。

其实,我们在论证能量经济学研究的对象,即国民财富的本质即能量的本源时,已经给予了经验观察实证和逻辑方面的论证。对于逻辑方面的论证,人们是否能够理解我们暂且不论,因为这只是理解的问题,不影响我们逻辑论证的严密性和实质,故其论证仍可作为解决问题的一把钥匙来从容使用。

在能量经济学指出的规律原理上,我们推出了经济能量守恒这个定律(其实它来源于物理学能量守恒定律)。运用这个定律我们可知,因人们私利之心导致能量为负能量,而又需市场经济均衡即经济能量守恒，那么必有一个相等的正能量与之相对应。而这个正能量如何被发现的呢？

当我们观察市场经济现象时，已经指出企业或个体生产者在意欲获取利润，满足私利之前，他必须先要付出，否则是没有可能满足的，这是因果律的必然作用。这个"付出"已经涵容了为大众利益服务的这一严肃命题。这就是正能量在市场经济中的来源，故"付出"和"收入"为对等能量的平衡。之所以人们看到物质越来越丰富，财富越来越增长，那是因为"付出"的能量越来越多，即供给的能量越来越大，对应地流入到需求一方形成的。那么，也许你会责问，利润是如何产生的？很简单：

$$供给总能量 = 需求总能量$$
$$供给总能量 = 成本总能量 + 利润总能量$$

实际上利润总能量也是成本总能量的一部分，只是我们没有将成本总能量计算清楚，因为作为心灵能量或者说思想能量流露出来多少是不能准确计算的，故成本总量中仅含的人员工资、奖金、福利等是不够的，而价格又是双方根据供需关系确定的，故总成本能量中有一块未计部分看成了利润。否则，总成本能量恒等于总供给的能量。人们源源不断地心灵能量的付出，表现为物质财富不断增加而已。用直观图来表示如下：

第四章 能量经济学的运用

图 4.1 不同视角下的企业成本与收益对比图

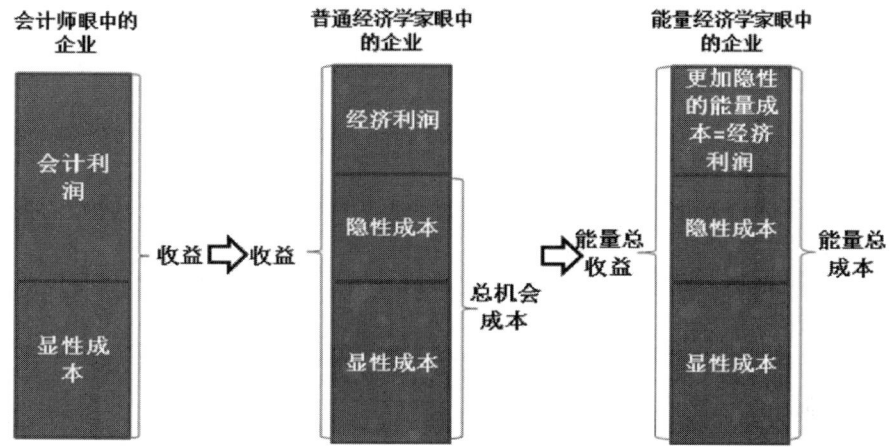

上图可以看出，人们对追求的利润似乎习以为常，司空见惯。但其实仍是能量潜在转移的过程，遵循着能量守恒定律。所谓增长的利润实际上是精神力量作用的结果。

现回过头来再说市场经济中的"正能量"问题。这种正能量对追逐利益的人来说是不自觉的，甚至是非自愿的，那么他们就不会因为自己的力量去维持这个规则，但又担心没有规则，仅凭逐利之心会有更大的风险和损失，于是，正能量形成的规则需要有一位守护人予以表现，人们也愿意因为私心去转让一块价值，作为所有人的公共意志来体现公共服务的公平原则，虽然对自己来说是一种无谓损失，比如交税，那是自私自利的心造成的，为此也就无所怨悔，经济学家小奥立弗·霍姆斯（Oliver Wendell Holmes Jr.）也表示过："税收是我们为文明社会所付出的代价。"如此说来，维护规则的组织——政府的合乎自然规律的合法身份便建立起来。这才是政府在市场经济中作用的最有根据的逻辑证明。

如果依照因果规律，是否可以取消政府的作用？从规律本身来讲，是可以的。那市场经济中强大的负能量起巨大作用的时候，若无正义的规则存在，则人们会遭受巨大的损失和痛苦，强盗与战争就是一例，强盗者和战争的怂恿，可能会获得一时之利，但因损害别人的利益乃至生命安全，也必受到痛苦或损失生命的代价，这就是因果规律的自发作用，也是经济能量中的作用力与反作用力。

西方传统经济学把市场中的"经济人"假设为"理性"的，这个假设有其根据，人们无数次非理性经验告诉自己，损人利己最终是不能利己的，如果明白以上道理，更加不会做出损人不利己的行为，于是，逐渐吃亏的经验让人变得理性一些，这在斯密的《道德情操论》中认为是自由女神给予人心灵的结果（也许斯密是认真的，也许是著作诙谐的语言），但其实是因果规律的真实不虚的作用，这只有结合心灵的层面才能得到理解。古希腊哲学家亚里士多德（Aristotle）在很早时候就意识到公共资源的问题。他说："许多人共有的东西总是被关心的最少，因为所有人对自己东西的关心都大于对其他人共同拥有的东西的关心。"当人变得理性一些后，则支付自己的一些成本，维护这样的正义规则，需要有一个超越任何个人、家庭或小团体的组织——政府的存在，便显得尤为重要。

说人们是理性的，付出这些成本是为了防范更大的危害和损失，

第四章 能量经济学的运用

自然也是维护公平和正义。税收就是因为这样的原理而产生的,当你明白这个道理后,你会认为交税是应该的,也应当是自觉的。否则不仅是经济利益的损失,外敌入侵时你连生命也保不住。

鉴于上面的论证,说明政府存在是有其"合法"的基础后,连激进的经济自由主义者如哈耶克也不反对政府的存在,而是强调政府的立法等建立良好的规则、制度,并且以最大的能量去维护好这样的规则和制度,以彰显公平和正义。在《通往奴役之路》的"计划与法治"一章开头,哈耶克指出:"将一个自由国家与一个专制国家清楚区别开来的特征莫过于,前者遵循着我们称之为法治的伟大原则。撇开种种技术性细节不谈,法治就意味着,政府的所有活动都受到事先确定并公布的规则的约束,这种规则能使人们确切的预见,在具体情况下,政府将如何使用其强制权力,也使人们能够根据自己的知识安排自己的个人事务。"[1]这就是哈耶克所向往的社会制度的本质——不是一个无法无天的社会,而是一个守法的社会。自由就意味着法律至上。因政府是以公义的形式代表着正义和公平,那么它就不是一个获利主体,因此政府不能参与市场上的利益竞争,否则因此赋有的能量过大,反而会破坏公平和正义,那么这样的政府就是腐败的政府。

至此,市场的自由竞争应是显性的、主流的,政府作用于市场

---

[1] 哈耶克:《通往奴役之路》,中国社会科学出版社,1997年版。

是隐性的、非主流的。而政府是否需要干预市场,那要看市场中因私利人的能量大到何种程度,是否会对公平和正义进行破坏,是否会导致经济上的严重失衡。因此,一定说政府要干预或者说不要干预都是独断不明智的说法,是否需要干预要视经济情况的发展而定。

4.1.2 国家的货币政策和财政政策

谈到货币政策,必须要认清货币的实质。一般经济学说所谈,货币有三个职能,一是一般等价物代替职能;二是衡量价值的尺度的衡量职能;三是人们持有财富的一种形式的储备职能。如果从能量经济学的角度来看,货币虽是一种信用符号,但它是一国社会经济财富总能量的表示量。而这个总能量的表示量不可能集中在个人、家庭、企业或不代表全体人民的集体手里,而是掌握在以中央银行为代表的国家手里。只有这样才能形成被人们认可的货币信用体系。所有生产的产品都能表示为货币符号,而其他非物质类的如政府债券、企业债券、企业股票等等其实都是国家信用的表现品,离开这个完整的信用体系那些资产则一文不值,不能交换。因为是由国家掌控的一国社会总能量,才具有符号替代职能、衡量职能和储蓄职能。凯恩斯和弗里德曼等经济学家指出人们对货币的兴趣和偏好,因为它代表能量,这个能量能给人以最为灵活的安全和自由,这才是偏好的原因。而物质构成的财富,虽然也可以货币符号进行标示,但没有等价的安全和自由度,因为固化的能量不同于信息符号显现

第四章　能量经济学的运用

的能量。当然这样的说法也是有条件的，当国家的信用体系动荡或崩塌时，货币符号代表的能量会很快从符号上消减或消失，但其经济能量仍然存在，只是转移到其他可代表的形式。具体代表的货币数量只是相对的结果。比如一堆商品可以表示为1000数字，也可以表示为100数字。依此则货币对财富的能量有三种结果：①即使财富总能量不增加，货币符号也可以增加，而货币符号代表的单位能量减少，表现为价格上升；②财富的总能量增加，其货币符号量也随着增加。当增长率一致时，价格水平不变。当货币符号量增长快于财富总能量时，则价格上升，反之则价格下降；③当社会财富总能量下降时（被消耗掉），如果货币符号量增长，则价格会快速上升，而货币符号量不增长，价格也会上升。当货币符号量下降时，若下降的下降率低于社会财富总能量时，价格仍然上升。而下降的下降率快于财富的总能量时，则价格下降。所以价格也是财富能量变化的衡量信号。

因为货币代表着社会财富的总能量，不应该随经济的周期波动而相机抉择，应该随着财富的总能量的变化而一致变化，这样才能真实反映其价格尺度的信息，否则会混乱经济能量的表现。因此，弗里德曼的货币"单一法则"是正确的，但新奥地利学派和伦敦学派激进的自由主义货币政策，如哈耶克主张的"货币非国有化"的自由货币主义又是错误的。《1913年美联储法案》1977年的修正案中写到，美联储"将保持货币总量和信贷总量的长期增长与经济长期增加生产的潜力一致，以便有效促进最大就业、物价稳定和适度长期利率的目标。"可见货币政策一致性的重要性。

另外，因为货币是社会财富总能量的代表，仅仅局限于一国的信用尚不能坚固其货币信用体系，应该与世界通用的硬通货对应起来，因此，要坚持货币的"金本位"制，完全与黄金对等挂钩，因为黄金，也是代表社会总财富能量的，二者对等性的信用坚固体系，才能防范其他国家因信用问题造成的负能量的冲击，来稳定一国的货币政策。

关于国家财政政策，主要指的税费收入和各项支出平衡问题。依照货币的"单一法则"和能量经济学的因果定律，应该坚持预算平衡，因为能量平衡才是"中道"均衡原理的体现，才是稳定经济发展的平衡制动器。当经济发展平稳时，其财政预算应该略有盈余，不应该搞赤字预算。盈余预算显示经济能量更有灵活的余力，防范经济周期波动造成的冲击。政府应当压缩经济服务公共开支，提高服务效率，而真正提高服务效率的最好方法，是提升公务员的心灵能量，只要越来越多的公务员以积德行善为标准，以廉洁奉公为标准，以勤劳精进服务为标准，以公平正义为标准，则从公共服务体系辐射出来的正能量必充实到社会之中，会引导全社会人的正能量共同发挥出来，若如此，社会必日正其气，日降其邪，国民财富会稳定增长，国家的文化实力越来越大，国家繁荣则指日可待。按照能量经济学的五个规律，而公务人员心灵正能量的增长，才是降低政府服务成本的最高效率,才是他们财富增长的源泉,公务员的幸福才能真正得到实现。

涉及税收政策,按能量经济学的经济能量分析,应该千方百计地减税让利于民。政府应该平衡公共开支,尤其要减少消耗性的服务开支,降低政府服务成本,增加社会经济能量。按照供给学派的阿瑟·拉弗提出的"拉弗曲线"理论,降低税率不但不会导致税收下降,有时反而会使税收上升。按照能量经济学的经济能量分析,降低税率后无谓能量损失减少,社会总能量必然增加,则交税的税基能量加大,故税收是有可能增加的。当然,在短期内可能会导致税收下降,但从长期来看,经济能量必然快速增长,则税收必会增加。

4.1.3 通货膨胀与通货紧缩

一个社会的机体如同人体,人的身体正能量越大,则其自我免疫能力越强,表现为健康的状态越久。一个国家和社会同样如此,若综合人类的心灵正能量越大,则经济能量也越大,那么经济发展越是平稳健康。通货膨胀和通货紧缩,如同人的机体发热或发冷,因为人体的病有两种,要么是热病,要么是冷病。生病后若病情较轻,免疫能力强,则人身机体自会调节,这就是古典经济学家讲的不用政府干预,而让市场自我调节。但当热病或冷病病情严重,单指自身的免疫不能解决,如果不能及时问医,将会危及生命安全,那么就需要医院和医生。与此同理,通货膨胀相当于社会热病,通货紧缩相当于冷病，病情严重超过了市场机制自身的免疫程度，则政府这个医生必须出手救治，这就是凯恩斯经济学的理论。但问题是这个医生必须是高明的医生，必须正确地诊断病源，才能对症下药，如果是一位庸医，则会导致病情更加严重。政府必须是一位素养和智慧很高的医生，这需要政府平素就要积累正能量，达到自身的能量足够强大，发现热病时要用降温的方法，发现冷病时要用增温的药剂，才能让社会机体温度平衡。为此，应当注意，医生不能也不需要永远跟随，病情好转恢复健康时，医生必须离开，因此，政府的干预之手要合乎规度，否则病人不治，医生也成了病人。

还有，如果一个人老是得病，或热或冷，那么反映此人机体免疫很差，健康欠佳。而通货膨胀和紧缩也是社会经济的信号传递，一个国家的社会经济如果正能量不足，或越来越少，则其健康程度必然下降，免疫能力很差，则不断会爆发通胀或通缩，这就给政府的管理者一个强烈信号，不是要过多地运用货币政策或财政政策来调整，而是要持之以恒地强化社会正能量，让社会机体自身的免疫能力加强，才是解决病症的最佳之道。

在此，能量经济学也有不同于弗里德曼的一个主张，认为："通货膨胀随时随地都是一种货币现象……只有在货币数量比产值增长更快时才能出现。"[①] "通货膨胀起因于经济脸盆里的货币溢

[①] 弗里德曼：《通货膨胀理论》，商务印书馆，1992.12.

出太多……关住货币水龙头，就可以制止在浴室中流溢满地的通货膨胀。"① 我们认为，货币超量发行可能是通货膨胀的主要原因，但不是唯一原因，人的心灵正能量下降，而负能量上升且速度较快，导致人对货财能量饥渴，且因害怕渴望落空所产生的紧张乃至恐惧心理，人与人又会心理传导，这时即使货币数量并未增长，供给能量也没减少，但同样因为心理预期导致的能量偏差，也会反映价格暴涨，导致通货膨胀。与其说是货币问题，反倒不如说是心灵问题。中国在1988年、1989年爆发的通货膨胀和抢购风潮就是属于这种情况。摩根大通银行的首席经济学家Bruce kasma说，高通货膨胀目标"对市场会有相当直接的破坏效应"。控制通货膨胀成为当今社会各国政府头等重要的大事。但表面的经济通货膨胀现象必带有内部原因，追根究底是要控制人的膨胀欲望，这只有从人心的正能量挖掘下手。

4.1.4 国家制度和组织机制

涉及到一国制度、体制和机制问题无疑是个宏观课题，在宏观经济学的研究中，对什么样的国家制度和组织机制的优劣的争论也一直没有停止过。于是在经济学说史上，出现了瑞典学派、新制度学派和新制度经济学、演化经济学及市场社会主义、德国社会市场

---

① 胡代光：《米尔顿·弗里德曼和他的货币主义》，商务印书馆，1980年版，第32页。

经济和比较经济学等专门研究社会制度、国家体制及组织机制的各个流派，每个流派甚至个人都是依据自己的历史、客观环境、文化积淀和自己独特的思想视角，提出了诸多各种可能的设想，无非是想寻找最优的制度和组织造福国家、社会及人类，形成积极有益的探索经验和理论学说，但因各国都具有其特殊性，故流派学说，思想理论众说纷纭，莫衷一是。德国的弗莱堡学派所研究的核心观念就是"秩序"，他讲的"经济秩序"是那最好的、真正合乎人与事物的本质的经济秩序。欧肯又借用了马克斯·韦伯的"理想类型"概念，把"理想类型"与"经济秩序的纯粹形式"结合起来，区分了两种经济体制，一种是"集中领导的经济"（Lenvalgeleitete Wirtschaft），另一种是"交换经济"（Verkehrs Wirtschaft），主张"经济秩序的形式"应当由国家的秩序政策来确定，并制定"经济宪法"，建立"竞争秩序"。在德国占据主流思想的，由奥尔多（ordo，相当于古希腊提的"罗格斯"和中国道学中的"道"）自由主义、民主社会主义和基督教民主主义三个部分组成。继承德国传统的发源于康德、歌德、洪堡等思想指导的个人主义哲学和国家法哲学思想，坚决反对旧传统的"自由放任"的自由主义和功利性的自由主义，以及资本主义的自由主义，是强调秩序的自由主义和国家及社会干预的自由主义，当然，也算是比较温和的自由主义。而新制度学派和"制度主义"认为要解决社会经济问题，推动社会进步，必须对现行制度进行调整，要用社会价值而不是个体价值来判断制度调整

第四章 能量经济学的运用

是否有效。对于当时在欧洲出现的社会主义制度风潮，米塞斯在其《社会主义》一书中有这样的哲学思考："文明的人类将被摧毁还是避免这场大灾难，是在未来几十年将采取行动的几代人应当关注的问题，因为决定命运的正是他们行为背后的观念。

"只有观念能够打败观念，只有资本主义和自由主义的观念能够打败全权计划体制的观念。如果我们打败了全权计划体制的观念，如果人们终于认识到生产资料私人所有之必要性，那么，全权计划体制就不得不退出历史舞台。"[1] 凡勃仑（1857—1929）当时对美国存在的垄断、不公平、贫困、经济周期和劳工问题进行分析，并提出变革的主张。发展到后来激进的制度主义，以杜格（William M Dugger）为其代表，指出美国社会的多种制度的存在，经济制度、教育制度、军事制度、血缘关系制度、政治制度和宗教制度，并且每种制度都能形成权力结构。而加尔布雷思，又把社会变革的希望放在教育上，并声称是"心念的解放"。该派的核心是："采用整体的（holistic）和有机的方法，认为个人的信仰、价值和行为是内涵于文化之中的，它的任务是描述组织的复杂性，以及组织在历史进化中对社会供应的控制，其核心是理解制度的变迁和调整的过程。它强调权力关系、法律体系和技术是制度形成中关键的解释因子。它对现有的制度持怀疑和批评态度。经济学被视为以通过制度调整

---

[1] 艾伦·艾伯斯坦：《哈耶克传》，中信出版社，2014年版，第36页。

来改善经济功能为目标的、实用主义的进化的和政策的科学。"[1]

对于制度和权力关系的研究一直是西方经济学的热点。《礼记》上说："人存政举，人亡政息。"[2] 此句话有三层含义：一是无论是什么制度都是人推动出来的，人在制度就在，人亡则制度消亡；二是制度的好坏也取决于人。好人执政即使是一般的制度也是好制度，坏人执政好制度也会变成坏制度；三是制度好坏与人构成直接的决定关系，领导聪明智慧有德就一定会制定出一个好的制度来，相反，愚蠢败德的领导一定会制定出一个最坏的制度。因此，制度的好坏取决于人。能量经济学指出同样的观点，人的正能量强大，会形成强大的思想力，在制度设计、组织、建设中定会形成应有的聪明和智慧。古希腊哲学家柏拉图在其《理想国》中，也有让"哲学家"来管理国家的理念。同时，能量经济的理论也会说明一个国家的制度甚至是领导人的聪明智慧与否，品行如何，也是一个国家的人们共同的心灵形成能量的合力决定的。如果人们趋向的社会正能量越大，则人们的幸福就会越多，那么推选出来的领导及公务人员实施的制度组织就越优秀，越卓越。制定好的制度不必在其枝叶上去研究，一定要从人这个因素上下功夫，这才是制度之根。但立人之本何在？《论语》有言："君子务本，本立而道生。孝悌者也，

---

[1] Philip A O (Haraled) *Encyclopedia of political Economy*, Vol. 1. P. 553.Zondon: Routledge, 1999

[2] 《礼记·中庸》："其人存，则其政举；其人亡，则其政息。"

第四章 能量经济学的运用

其为仁之本与！"不管世人认为多么复杂的事情，古圣贤者都会一语中的。关键是要从根和本上，去对待和实践，如果仅从树冠上去寻觅，终究不得要领。立人之本在于"孝"和"悌"，"孝悌"立则"人立"，"人立则道生"，简明扼要，提纲挈领。故儒学之经典《孝经》上，孔子问曾子，先王治理天下的秘密法要是何："先王有至德要道，以顺天下，民用和睦，上下无怨，汝知之乎？"[1]曾子茫然不知，为此孔子告曾子说："夫孝，德之本也，教之所由生也。"[2]。中国的历史文化与国情都不同于西方，五千多年的农耕文明人们聚集生存，以家庭为单位构成社会的细胞，在家中必须讲究孝悌礼仪，家庭才能和睦安乐，家庭有序之后才是社会有序，家庭乱则国乱，而"孝"是为家、为人之本。所有人的德行善举，皆从"孝"门而出，若是人不孝，如同禽兽，良心尽失，一点正能量皆不存在，不管什么样的社会制度，也会大乱于天下。父母与子女是天义伦理，只要有人存在，此天义伦理永恒地存在，永久不灭。千万不要认为现在社会发展，物质极大丰富，可以蔑视这一天道之伦理，可以对天经地义之事妄加改革或革命之类，否则，大乱之源头必始于此。经济发展若无"孝悌"之保障，那必将带入到物欲完全主导的"兽性"漩涡，这是非常可怕的趋向。

---

[1] 见《孝经》第一章。
[2] 见《孝经》第一章。

中国古老优秀的传统文化，给中华民族存积了无限可用的正能量，国家领导人只要能运用智慧，以自身德性感召中国百姓启动这块丰富、美丽、高贵的正能量，以百年的屈辱历史作为反动力，那么，实现中华民族的伟大复兴并不是遥不可及的事情。中国人的梦想定会实现，这把关键的钥匙就是复兴中华古老的传统文化。

4.2 能量经济学之于微观经济领域的运用

经济于宏观与微观上的分界是学界们的习惯，但其界限也不甚明了，原因是，许多微观的东西集合变大后则成了宏观问题，因此，讨论宏观问题不能离开微观基础，研究微观领域离不开宏观整体视角。

4.2.1 供给与需求

供给与需求是市场经济中两个相互对应的经济变量，西方经济学家们对此设计诸多的经济数学模型，解释供给与需求，及相互变化引起的价格、资本，以及由资本引生的利息、利率等等，产生了相应诸多学派。比如供给学派，是与凯恩斯主义相对立的自由主义学派，主张精简规章制度，促进经济自由。减税，减少政府干预，让企业焕发创造精神和活力，而"在一定的资源和技术条件下，决定经济成就的最重要因素是心理力量、雄心壮志和决心，是促进经济增长，企业精神和进步的动力。"[1]强调供给决定需求，是"萨伊定律"的现代新装。其经济政策影响了里根政府，以此为理论依据制定了相应的"经济复兴计划"。

而需求学派是以凯恩斯经济学，及凯恩斯主义为代表的经济学派，认为是有效需求不足，阻碍了生产，是需求决定供给。其系列主张我们在前面章节已经提及，此处不赘。凯恩斯经济学，为罗斯福"新政"提供了理论依据，成为当时的主流经济学。

以上分析及介绍，公说公有理，婆说婆有理，似乎主张都合乎道理。由能量经济学的原理来判断，似乎双方都在局部上成立。因供给和需求是相互为因的，如同运动和静止、光明与黑暗一样，是供给能量与需求能量互为因果之关系，如果说是哪一方绝对决定另一方，则有失公允，只能依据当时的经济发展状况而定。因经济发展的需要，既可以采用供给学派的主张，也可以采用需求学派的主张，这才是能量经济学讲的"中道"均衡思想，只有主管经济的智者才知道如何对症下药，如果拘泥于一派观点，则会偏于极端。

4.2.2 失业与就业

任何时期的经济发展，都有失业状况的发生。有就业就有失业，想达到充分就业是理想的状态，失业中存在自愿失业和非自愿失业两种，这是凯恩斯主义分析的情况，其实，仅就"失业"一词的含

---

[1] 乔治·吉尔德：《财富与贫困》，上海译文出版社，1984，第279页。

义而言，不应当存在自愿失业的情况，即使自愿失业也是为了重新就业。如果是因为老病状况不能就业，那就不算为失业。

　　失业问题表面看来是政府问题或社会问题，比如经济政策的失误、经济发展比例的失调、社会制度的变动与混乱、社会关系的不和谐等等，都会导致大量失业，此时人心所指责的是政府的无能，并将此痛苦的原因抛诸社会。但细细探究起来，失业之主因仍是自己造成的。明朝时期一本著作《了凡四训》（袁了凡所著，是一本家训），将袁了凡先生自己的命运及改造命运的方法说得清清楚楚。西方哲学家、社会学家乃至经济学家也有人生命运的感觉，但他们始终不能明了是否真有"命运"一说，如果有，其信者也会将此问题抛给比如自由女神、上帝之类去解决。古希腊悲剧中体现的主题是：命运之神一到，众神退位。康德终其一生是为了解决绝对自由、灵魂不死、上帝存在这三大命题。而中国的智慧哲学，早已将此揭示得明明了了。人的命运就是人的信念造成的，我们每一刹那信念不是念善，就是念恶，或念无记（无记是中性，无善无恶，比如吃饭睡觉之念），而这三种念头永恒地在起作用，构成了念力的线性运动，由念力所形成的这个线性就是人生的命运。命运表现为严格的因果规律，即，念善得善果，命运就会转好；念恶得恶果，命运就会转差。改命的方法就是改造心念，因为心念是因，改变因，即改变果，这就是改造命运的方法。了凡先生，用其一生经历，依照云谷禅师指点，将命运改掉，并将此记录下来留给后代，此书影响

第四章 能量经济学的运用

了千千万万人的命运。因此，人的命运掌握在自己的手里，《了凡四训》中的一句话十分中肯："吾于是而知，凡称祸福自己求之者，乃圣贤之言。若谓祸福惟天所命，则世俗之论矣。"[①]假如人们掌握了改造命运的方法，并依此来实践，则命运会变得越来越好，哪里存在失业的问题？

西方学者对人生严格的因果规律始终不能也不敢相信，他们崇尚科学标准，认为能重复实验得到相同的结果才是科学的。对此，我们提出两点：一是依照圣贤提供的方法，只要去真诚实验，都能得到命运被改造得越来越好的相同结果，这个方法也很简单，就是心念向善，付诸善行，积功积德，命运就自然向好的方向转化，且经无数人实践其结果一致，这算不算科学实验？二是西方建立的科学标准，其参照系是绝对真理吗？若科学的实验结果仍是相对真理，比如从"地心说"到"日心说"，从牛顿经典力学到爱因斯坦相对论，再到量子力学，都是在变化之中，那相对的科学结论又如何作为判断标准呢？这种判断本身就是有问题的。西方哲学之所以不敢相信人生充满着严格的因果关系，是因为害怕掉进因果的机械论中，比如我们一旦落入恶劣的命运中，按因果律是无法改变的。其中东方哲学高明智慧之处在于，构成命运的非为一因，而是，众缘和合之因，既然是和合之因，则所有和合之因都起作用，那么此众合之因随时

---

① 袁了凡：《了凡四训》，世界知识出版社，2011年版，第21页。

在变，即和合之因所生之果也随时在变，且因果同时，这非但不会掉进"因果机械论"的陷阱，反而会因我们去主动更因而自然改变命运结果。故结论是，是否失业决定权在我，社会、政策仅为外部因素。故不应当把失业的问题完全归于社会和政府。这一点也是能量经济学的核心。否则，我们所说的经济理论就没有价值能量了。

4.2.3 公平与效率

这一对概念于西方经济学家看来，又是相互矛盾的一组，即强调效率，就照顾不了公平，强调公平，又会影响效率。例如高度集中的计划经济，生产资料公有化，就是强调绝对公平，没有资本，没有市场，没有剥削，生产资料人人所有，创造财富公平分配，但却发现，没有效率。本来希望大众经济实现人人平等自由和幸福，结果是因生产资料无实际主权，造成无人关心；因为强调平等，谁也不愿意多付出一点；因为强调自由，结果在一个平齐的计划经济社会中毫无自由可言。以上三点，将人性的弱点及劣根，全部激发出来，实践的结果也是大家有目共睹的。这种不接地气的理念在现实中无法生根。

而资本主义社会，因其绝对私有化是绝对要求效率的，由于人的思想水平的差异，对应的自然资源禀赋的悬殊以及人脉关系形成的人力资本的差别，导致一部分人极其富有，另一部分人极其贫穷，出现了两极分化，破坏了公平，形成了社会极大矛盾。温家宝总理

第四章　能量经济学的运用

曾在不同场合五次提到亚当·斯密《道德情操伦》中所说："如果一个社会的经济发展成果不能真正分流到大众手中，那么它在道义上将是不得人心的，而是有风险的，因为它注定会威胁到社会的稳定。对于我们来说，第一是发展，第二是协调发展。我们要特别重视社会公平与正义。"[①]有时经济发展令人沮丧，表现出"有增长无发展"的状况，更有甚者是"穷者愈穷，富者愈富"，失去了公平幸福的经济基础。柏拉图因此关注到贫富悬殊问题，经他测算，得出的结论是：在一个理想的社会中，最富的人的收入不超过最穷人的收入的四倍是合宜的。

关于公平与效率，瑞典学派曾经为瑞典的经济制度一度自豪过，瑞典实行的是"混合经济"制度为特征的现代资本主义国家，在分权与集权、市场调节和中央计划、公有制和私有制、竞争与垄断等各方面都是中间派别的位置，既不靠左，也不靠右，通过国家的政策措施调节分配，消除收入分配上的两极化，实现人人都能按照需要得到福利的"福利国家"。在瑞典学派看来，市场经济原则如同飞机的引擎，没有它社会不能前进，而社会福利原则，如同飞机的稳定器，没有它，社会就不能稳定。因此，只有把二者结合起来才能使社会获得稳步持续的发展。瑞典的社会福利政策也是这样执行的，国家尽可能保障就业，强调要在国内居民中实行收入均等化，

[①] 温家宝总理接受《爱尔兰时报》助理总编采访，外文部网站2004年4月29日。

和"从摇篮到坟墓"的社会福利保障制度,高税收,高福利,做到失业救济和养老保险,以及教育福利和医疗保险,成为西方的"福利国家"的典范。但高福利高享受也带来了一系列的"瑞典病",主要是:①过度的社会福利支出,让政府不堪重负;②过度的高额税收,让生产增长率下降,降低了人们的生产积极性;③严重的通货膨胀;④失业增加,怠工严重。瑞典也同样遇到了公平与效率两难均衡的选择。依照社会现实状况来看,的确难以掌握公平与效率的均衡之度,甚至没有绝对的办法。但若依照能量经济学的观点来分析,公平与效率并非是完全矛盾的,而是相互统一相互促进的。没有效率,没有发展仅谈公平是空中楼阁,公平是在因效率的前提下达到物质财富的能量层次才有讨论的意义,若连生存都难以保障,那更加说不上公平问题。而公平反过来不是降低效率,反而是促进效率的提高,这个前提条件必须要人们认识到所谓的公平,并不是收入完全均等化,或一切都均等化,如同一片绿地生长的草木,因为阳光,土地的肥力,水分的供给等各种因素,形成了天然的高高低低,茂盛和贫瘠的参差不齐一样,这才是公平的真正含义。小草有的生长得茂盛高壮,有的生长得瘦弱矮小,那是各有其原因的,是因为不一样的生长原因导致的结果不同,符合能量经济学提出的第一规律:因果规律。因生长的能量因不同,导致的能量果不同,这才是自然的、合理的。所有的小草都依着平等的因果律去生长,因此无论高低矮胖肥瘦,都是公平的,这个公平必然是因果律上的公平。因为因果律对于人类和自然界绝对公平，这才显示了贫富差别的相状。绝不能人为地将"草坪机"推过来，无论高低差别一味地推平，如果是人为那样的机械般的铲平，才是公平的话，这恰恰违反了公平的天然法则，是不合乎自然的，破坏了自然界中的因果规律。因此，前苏联的高度中央集权的计划经济就是这样人为的、机械式的、想当然的所谓"公平"模式，严重地破坏了天然法则，破坏了因果规律，又且是人为的空想造就的，最后走向人为的独裁是必然的，故而哈耶克对其生产资料公有制的批判，是有其理论深度的，这也是瑞典学派乃至瑞典政府，没有真正认识到何为"公平"之真理所造成的偏差。

让人们认识到公平的真理之相，还会有一个更大的利益就是，因为世界存在着森严的因果规律，人们的付出或享受要按因果规律办事，只有正能量才能导致人们的幸福，那么能积累正能量，是人们日常生活的德性和美化的心灵，并不是因为自己和国家富裕之后可以穷奢极欲，无止境地享受福报，而是要克己廉洁，勤俭奉公，积功累德，净化心灵，这样的原因会让人们更加幸福，国家更加繁荣，社会更加和谐，而劳动创新更加具有效率，这就是能量经济学提供给人们的公平和效率，非但不矛盾反而是一体统合的真理观。但要人们真正认识这一点，离开教育的手段不行，故古有"建国君民，教学为先"①的格言。而教育首要的是对真理认识的教育，是对因果规律的教育，只有认识真理，才能让正能量日益增进，这也是真理中蕴藏着巨大的能量的原因。从某种意义来说，教育兴国，应当是国家的核心战略，甚或是唯一战略。

就"正义"而言，对待公平与效率，由此又让人不由自主地想到哈耶克的自由主义。

哈耶克的"个人自由高于一切"听起来让人心向往之，也会为之动容且会催人付诸行动。人们行动时若已洞明"自由"的真正含义，则行动必显现为理性。社会由此会因理性之光的照耀而温暖和谐。但若对"自由"定义模糊或曲解，行为则更加会是非理性、盲目的、冲动的，必会造成社会祸患。"自由"的外延越是扩大，人们需要的自由越多，则由因果律的必然性制约作用会让规则越加繁多，法律的条框也日益繁杂，因为不可能由于个人的自由欲望，去破坏别人的自由欲望。否则，个人的为所欲为的自由，又是一种压迫式的霸权或独裁，这与独裁主义没有什么区别。因法律界定有规律的"自由"时，"自由"则是相对而言的。人于物质自然界，受到人身、肉体、物质等"铁律"即因果律的限制，无论如何，自由只能是相对的，不可能是绝对的，而"民主"的含义，亦可按照此律作相应的解释。那么，人真的不存在"绝对的自由"吗？当然

---

① 出自《学记》篇，原文是："玉不琢，不成器；人不觉，不知道。是故，古之王者，建国君民，教学为先。"

不是,这要从心灵能量上去理解。人的心灵能量足够大,或无穷大时,人就会表现为绝对自由状态。若想要人的心灵能量无穷大,则必须将人的德性完备至圆满程度,德行圆满就是无私无我,无我之大我就是绝对的自由。孔子评价自己一生中几个阶段时,讲到:"吾十有五而致于学,三十而立,四十而不惑,五十而知天命,六十而耳顺,七十而从心所欲不逾矩。"[①] 其中"从心所欲"的自由就是这种绝对自由。故绝对自由只能在道德层面上去理解和实施,这也是康德所谓的纯粹理性不能论证"绝对自由"且必须止步,只留给实践道德去践履的地盘和轨迹。

4.2.4 个人精神与企业创新

西方经济学中,从斯密的劳动者要素,到李斯特的人力精神资本,再至西尔尼的人力决定力,和后来获诺贝尔奖的舒尔茨的人力资源,对企业中人力的作用和认识越来越突出,成为经济中的显学。熊彼特提出的"创新"理论既有技术创新的含义,也有制度创新的含义,创新是经济发展的一个重要因素。而今,我们不仅需要企业创新,技术创新,还需要制度创新,体制创新,更加需要理论创新和思想创新。那么这些创新的取决因素为何?创新的源泉在哪?

能量经济学在前面的论述中,已经明确指出,只有人,才是创新的决定因素。而不管哪一方面的创新,其源泉在于心灵的能量。

---

① 见《论语·为政》。

这一点对于技术创新的科学家或企业家，制度创新的政治家以及思想理论创新的思想家体会最为深刻。"一切法由心想生"，"制心一处，无事不办"，这样能量威力无比的佛学经典格言，给人们提供无限的信心。作为个人来说，如何才能实现个人精神能量最大化，实现创新的梦想，那就是要提升心灵能量。中国古典传统文化于此方面最为善长，儒家讲的"仁"、"义"、"礼"、"智"、"信"，佛门的"诸恶莫做，众善奉行"，道家的慈德、俭德和谦德，无不是提升心灵正能量的途径和方法。故王阳明讲："志不立，天下无可成之事。"人要有高远的志向，才能开启人生行为的源动力，因此，人生目标尤为重要。考察世上被人尊敬的伟人，无不是因为人生远大的理想目标为根底，才成就其一生的丰功伟业。"一切法由心想生"，也是解释这些事业成就现象的原理。

早在19世纪40年代德国经济学家李斯特在《政治学的国民体系》中提出过"精神资本"的概念："个人所固有的或个人从社会或政治环境中所汲取的精神力量和体力"[1]，亦即"一国国民身心力量的总量"[2]，应当包括："科学技术、家庭和国家机构、智力培养和生产能力这些方面……"它们"是世世代代所有发现、发明、改进、完备和努力等等积累的结果，它们构成现代人类的精神

---

[1] F·List.*Das Nationale System der Politischen okonomie*,1959.pp.211-212.
[2] 同上书，第213页。

第四章　能量经济学的运用

资本。"[1]而英国古典经济学家（尤其是斯密本人）认为精神生产者不直接生产交换价值，而只是参与国民财富的再分配，他们的消费行为不仅减少了物质生产与蓄积的总量，而且也减少了物质财富总量；同时，认为精神生产者之所以具有生产性，是由于他们获得了交换价值的报酬，而这部分报酬又是由于牺牲了交换价值得来的，并不是因为他们生产了生产力。显然，英国古典经济学家的论断是偏颇的。于今来看，更显出其理论漏洞。这也与我们的能量经济学原理相矛盾。而李斯特的"精神资本"说不仅恰当，且更能显示能量经济学的特质。于是，李斯特提出了"财富的原因同财富本身完全不同"这句著名的格言。强调个人精神与企业创新，而个人精神就是个人能量的展现，一个国家的精神能量当然是个人能量的汇总，因此，个人能量越强大，创新能力则越强，而成就国家的精神能量就越大。正如李斯特本人所指出的："一国的经济越是发达和越是完备，该国就越是文明和越是强大；一国的文明程度越高和实力越是强大，该国的经济发展所能达到的阶段便会越高。"[2]

于每个人而言，决不应当小觑自己，对自我的本性要有充分的认识，儒学中"人人皆可为尧舜"，佛学中告诉世人"人人皆可成

---

[1] F·List.*Das Nationale System der Politischen okonomie*,1959. 第149页。
[2] F·List.*Das Nationale System der Politischen okonomie*,Kyklos-Verlag Basel,J.C.B.Mohr,1959,p.39.

佛"①，说的都是一义。前面的能量经济学原理也表述得非常清楚，这也是因果规律的作用，那就是立下"成圣贤"的因，则成"圣贤"；立下"凡夫"的因，则成"凡夫"。因果对应，法则一如。今之学者于"内圣外王"皆无致信，辗转怀疑妄加揣测，原因是自己不愿求"内圣"，也就无能于"内圣"，自己所见所行与"内圣"悬隔犹如天地，犹不知"内圣"为何境，自然是难知"外王"为何是了。人除立志外，还要脚踏实地，步步向目标靠近，曾被日本喻为"商圣"的稻盛和夫对自己有句评价：他是纯粹的理想主义者，又是彻底的实用主义者的复合体。此言确得人生真理之三昧，是唐朝药山禅师所说的"高高山顶立，深深海底行"的现代版。没有高远志向的能量辐射之力，就不可能有实践世间事业的彻底精神，其志越高远，其力越雄猛，做人间事业，犹如水之就势，猛虎下山，势如破竹。以上谈到的人力精神应当作为企业文化，当然这取决于老板的个人境界，己所不能，勿能使人。而企业的创新全源于此。故德高者人多，人多者创新强，创新强者财广。故人力精神，和企业创新仍可回归一段经典："有德此有人，有人此有土，有土此有财，有财此有用。"故德为本，财为末也。

---

① 参见《大涅槃经》及《华严经》："一切众生皆有如来智慧德相，但因妄想执著而不能证得。"

第五章　能量经济学运用的几个经典案例分析

论及能量经济学的本源,揭示能量经济学的规律、原理和方法后,理当用一些案例来予以更加深刻地认识能量经济学的运用。

这里选的几个经典案例,既涉及个人方面,也涉及国家层面,这样从微观到宏观,层次递进,或许可让我们获得更加清楚的感官印象。

当然我们选择的案例中,有的自觉运用心灵和经济能量,有的是不自觉运用的,但深挖其根本,都可归于此类,由此案例可广推同类行业、地区及国家,具有普泛化的指导意义。

5.1 两个个人体现能量经济学运用的案例分析

对于个人自觉不自觉运用能量经济学而言，因为案例众多，不便于逐一分析，现只筛选两个有代表性的个人运用能量经济学的经典案例进行剖析，起到相互分享的目的。

5.1.1 第一个案例：乔布斯以及他所成就的苹果公司的王国

正如沃尔特·艾萨克森在《史蒂夫·乔布斯传》一书封皮上所写到的："史蒂夫·乔布斯有如过山车般精彩的人生和炽热激越的性格成就一个传奇，一个极具创造力的创业领袖，他追求完美和誓不罢休的激情使个人电脑、动画电影、音乐、移动电话、平板电脑以及数字出版等六大产业发生了颠覆性变革。

作为创造力与想象力的终极偶像，乔布斯独树一帜。他明白，在21世纪创造价值的最佳方式，就是将创造力与技术相结合，因此，他成立了一家公司，在此融会了源源不断的想象力与非凡的技术成果……

他的个性经常让周围的人愤怒和绝望，但他所创造的产品又与这种个性息息相关，不可分割，正如苹果的硬件和软件一样。他的故事既具启发意义，又发人深省，充满了创新、个性、领导力以及价值观的教益。"[①]

---

① 沃尔特·艾萨克森：《史蒂夫·乔布斯传》，封面文字。

第五章 能量经济学运用的几个经典案例分析

苹果"非同凡想"广告语这样写道:"那些疯狂到以为自己能够改变世界的人,才能真正改变世界。"[1](与"一切法由心想生"之佛学经典语,有异曲同工之妙。)

众所周知,苹果公司的市值曾经冲到世界级公司中的第一宝座,研究经济学,不能不研究这样的"世界钱王"型的公司,而那一刻,乔布斯自然也成了"钱王"公司的"总统"。于是,网络上流行这样的说法:世界历史上曾出现过三个苹果,第一个是亚当偷吃了伊甸园中的智慧之果——苹果,被上帝赶出了伊甸园,从此西方人,种下人性本恶的原始念头;第二个,不小心一只苹果掉下砸到了牛顿的头上,于是牛顿受其启发,发现了万有引力定律;第三就是,乔布斯命名的苹果公司,因神奇的创造性,而神奇地改变着这个世界。

从近80多万字的《史蒂夫·乔布斯传》撷取能量经济学的核心——心灵能量是很不容易的,受篇幅的限制,我们只要看几宗事实即可。事实如下:

(1)苹果公司的命名:看过《史蒂夫·乔布斯传》的人都知道,乔布斯的第一"伙伴"(合伙人)沃兹尼亚克,发明了"蓝盒子"即后来的个人电脑。沃兹是个电脑天才,创造出一项很酷的发明;而乔布斯想发明一个方便易懂的方法,把它包装起来,推向市场。

---

[1] 同上书,第302页。

他们讨论公司的名称，但乔布斯突发奇想——起了个与电脑毫无关系的"无厘头"的名字——苹果。也许您真的认为这是乔布斯的偶然冲动所致，其实内行的人们深知这个名字与乔布斯渊源很深（名者"命"也）。起这个名字源于他们曾经在团结农场种苹果，果园的主人是乔布斯在德里学院认识的做过几年精神导师的弗里德兰的叔叔。而弗里德兰开始时对乔布斯影响巨大，在他那了解到东方精神，尤其是佛教的禅宗，后来一直是乔布斯信奉的对象，由此开启了乔布斯素食主义、禅修冥想、印度朝拜等一系列启动灵性力量的路程。他的婚礼主持人也是他认下的日本禅宗师父——《禅者的初心》一书作者的铃木俊隆的助手乙川弘文，这个信仰一直陪伴他到生命的最后一刻，对他的影响是透骨性的。

"乔布斯对东方精神、印度教、佛教禅宗以及探寻个人启蒙的浓厚兴趣，并不仅仅是一个19岁青年的心血来潮。纵观他的一生，他追随并遵循着东方宗教的许多基本戒律，比如对'般若'的强调——通过精神的集中而直观体验到的智慧和认知。"[①]

乔布斯本人也这样回忆："我回到美国之后感受到的文化冲击，比我去印度时感受到的还要强烈。印度乡间的人与我们不同，我们运用思维，而他们运用直觉，他们的直觉，比世界上其他地方的人要发达得多。直觉是非常强大的，在我看来比思维更加强大。直觉

---

① 沃尔特·艾萨克森：《史蒂夫·乔布斯传》，中信出版社，2011年版，第43-44页。

第五章　能量经济学运用的几个经典案例分析

对我的工作有很大的影响。

"西方的理性思维并不是人类先天就具有的，而是通过学习获得的，它是西方文明的一项伟大成就。而在印度的村子里，人们从未学习过理性思维。他们学习的是其他东西，在某些方面与理性思维同样有价值，那就是直观和经验智慧的力量。

"在印度的村庄呆了七个月后再回到美国，我看到了西方世界的疯狂以及理性思维的局限。如果你坐下来静静观察，你会发现自己的心灵有多焦躁。如果你想平静下来，那情况只会更糟，但时间久了之后总会平静下来，心里就会有空间让你聆听更加微妙的东西——这时候你的直觉就开始发展，你看事情会更加透彻，也更能感受现实的环境。你的心灵逐渐平静下来，你的视界会极大地延伸。你能看到之前看不到的东西。这是一种修行，你必须不断练习。

"禅，对我的生活一直有很深的影响。我曾经想过要去日本，到永平寺修行，但我的精神导师（指铃木俊隆）要我留在这儿。他说那里有的东西这里都有，他说得没错。我从'禅'中学到的真理就是，如果你愿意跋山涉水去见一个导师的话，往往你的身边就会出现一位。"[1]

记录下乔布斯内心这样的文字，不难发现"苹果公司"这个名字与他们的渊源了。名字中带有许多能量，与人的信息相对称，这

---

[1] 沃尔特·艾萨克森：《史蒂夫·乔布斯传》，中信出版社，2011年版，第43-44页。

也是东方特有的文化，故语言文字的能指与所指的能量，及对思想力量的传播是常人难以测度的，这也是研究语言学的魅力所在。

（2）艾萨克森在《史蒂夫·乔布斯传》的第34页写到："乔布斯的一些性格特质——包括一些伴随他职业生涯的特质——都是吸收自弗里德兰。弗里德兰教给了史蒂夫现实扭曲力场。"（引科特基的话）作者在其著作中多次提到"现实扭曲力场"这个现象，与乔布斯共同工作的团队中有许多人都有这样的看法，特里布尔回忆说："陷入史蒂夫的扭曲力场中是一件很危险的事情，但也正是这种力场让他可以真正地改变现实。"赫茨菲尔德在切身感受到这种力场后也说："（乔布斯）现实扭曲力场是几种因素的混合物，其中包含了极富魅力的措辞风格、不屈的意志和现实屈从自己意图的热切渴望。"[①]在乔布斯的整个职业生涯中，他会一直使用这种"现实扭曲力场"，导致别人不敢想的事情，他敢于去想，并且付诸实施，别人不敢做的事情他不但敢做，且都圆满完成自己的意愿。能量经济学中揭示过这样的原理，这不是什么神秘主义，而是心灵能量的自然反映，每个人的心灵能量是不一样的，因人而异，千差万别。但心灵能量大的人则意志力坚强，创新的力量也非常强大。

（3）还要注意：乔布斯在创新产品时，他会把利益抛诸脑后，他会将自己置于艺术与科技的交汇处，体验完美设计中所蕴涵的美、

[①] 沃尔特·艾萨克森：《史蒂夫·乔布斯传》，中信出版社，2011年版，第107页。

第五章 能量经济学运用的几个经典案例分析

历史的意味和艺术的精妙。比如在苹果公司，是由设计部门指挥生产部门和其他部门，这本身在别的公司是较为少见的，一般的设计是为生产服务的。而在乔布斯那里颠了个儿，是设计决定生产，设计可以天马行空，但生产必须依赖现实。乔布斯的心灵就有这种力量，结果无论是开始的奠定苹果公司基础的苹果一体机，还是后来的音乐播放器，弗克斯的动漫电影，以及苹果手机，都是乔布斯从设计人员的大脑中挖出来，又强迫生产部门必须生产出来，这就显示了心灵创造的强大能量。当有人问到乔布斯设计制造这些产品时，有无做过市场调查，他对此不耐烦地说：我所制造的产品都是世界上没有的，如何进行调查？我要做的，是引导世界潮流的。乔布斯这种为艺术美的纯粹，以及为了让人们极其简约化的欣赏和使用，几乎将理念运用到纯粹极致的程度，才升起了创造的无限的能量，将梦想变成了现实。如果夹杂太多的利益于其中，则会大大减少其创造的能量。其他许多公司及个人没有达到这个能量，原因是不能做到心灵的纯粹，障碍了心灵能量的激发。

（4）几款新产品：乔布斯天然的心灵能量必然带有这样的特质，酷爱艺术，包括建筑、音乐及绘画艺术等，这些艺术还要非同凡响，而这些艺术会与他的科技产品融合起来。

皮克斯公司：乔布斯第一次被人从他自己亲手缔造的苹果公司赶出来后，就渗入到弗克斯"动漫艺术电影"的氛围中，为此，1988年他先后投入了5000万美元，占到离开苹果所拿到钱的一半以上，让《锡铁小兵》赢得了1988年奥斯卡最佳动画短片奖。1995年11月，《玩具总动员》动画电影的横空出世，又获得了巨大的商业成功和业界认可，成为当年的票房冠军——美国国内收入1.92亿美元，全球总收入3.62亿美元。到最后被迪士尼公司收购时，有一些员工哭了，但乔布斯却这样总结道："一直以来，我们目标不仅仅是制作杰出的作品，还要建立卓越的公司。沃尔特·迪士尼做到了。以这样的方式合并之后，皮克斯仍然是一个卓越的公司，同时我们也帮助迪士尼保持着卓越公司的地位。"[①]

ipod（音乐播放器）：乔布斯每年都会带着他最有价值的员工进行一次百杰外出集思会。让100名员工投选出最应该做的10件事，最后再划去7件，然后，乔布斯宣布："我们只能做前三件。"而将数字中枢、集合设备、计算机、软件、应用程序、火线整合在一起的便携式的音乐播放器，便进入了乔布斯的视野。但当时数字贮存功能大受障碍，存不了几首歌曲。2001年2月乔布斯与同伴鲁宾斯坦到日本供应商作例行访问时，鲁宾斯坦听到东芝公司将在6月份可以完成1.8英寸见方的硬盘，带有5G容量（大约能存1000首歌曲）的贮存，而东芝工程师尚不知道这个新家伙可以做什么用时，将消息告诉了乔布斯，并立即要了1000万美元的支票，买下了所有小硬盘的专利权，乔布斯心想事成。加上他固有的非黑即白

---

① 沃尔特·艾萨克森：《史蒂夫·乔布斯传》，中信出版社，2011年版，第411页

第五章 能量经济学运用的几个经典案例分析

的倾向原则，和一向简约化的艺术理念，装在口袋里的小小 ipod 出世了，轰动了世界。2005 年 ipod 销售量暴涨，当年售出 2000 万台，是 2004 年销量的 4 倍，占到苹果公司当年营收的 45%，还带动了 MAC 系列产品的销售，为苹果公司塑造出时髦的企业形象。

iPhone（苹果手机）：当时乔布斯与摩托罗拉公司合作生产出的手机让他大为光火，怒不可遏，认为是设计师"脑残"的设计。此时他带领团队转进手机设计制造中。带着计划用计算机中的尚不成熟的多点触控（因为他讨厌外挂的健盘）的想法，经乔布斯及其团队的苦思冥想，花了 6 个月时间，做出了粗糙的样机。巧妙的是特拉华州一家小企业 FingerWorks 已经制作出一系列多点触板，并申请专利，保护自己将手指动作转化为有用功能的技术，如触控缩放和滑动浏览。同年（2005 年）苹果公司知道后，悄悄收购该公司及其全部专利。

乔布斯的创新马不停蹄，喜欢做一样东西时尝试用不同的材料，先用半透明和彩色塑料做出了 IMAC 的外型，后又用光滑的钛板作为 Power Book G4 的外衣，两年后又用铝制材料替换了塑料。

在 iPhone 手机外型，被他的团队用 9 个月时间拼死拼活设计完并制出样机，又被乔布斯枪毙掉时，部分员工都快疯了，乔布斯提出要用玻璃取代手机屏幕的材料。到哪里能找到不被划伤的坚硬的玻璃呢？他们将目光投向亚洲未果，乔布斯的朋友布朗介绍了位于纽约北部的康宁公司 CEO 温德尔·威克斯，结果威克斯告诉他，康宁公司在20世纪60年代就研发出一种化学交换过程，能够做出一种被他们称之为"金刚玻璃"的材料，但因玻璃非常结实，当时找不到市场，于是就停产了。今天使用的最好的手机里面隐藏着许多这样的故事。是上天为乔布斯安排好的吗？真的不是。那是乔布斯心灵能量强大的威力所感召的，这看上去是巧合，其实里面存在必然规律，再一次证明"心想事成"的道理。这的确是能量经济学的经典案例。

当然，我们并不是要神化乔布斯，相反，他有无数的缺点及不足，但我们只想从他的创新上来发现能量导致的规律。

5.1.2 第二个案例：被誉为日本"商圣"的稻盛和夫，以及他经营的两个世界500强的公司

看到《稻盛和夫全传》您会对以下几件事例印象深刻且会产生无限的遐想：

（1）1964年成立京都陶瓷公司，他带领28名员工由一个街道公司起步，一直奋斗拼搏，1971年公司在大阪第二分部证券交易所和京都证券交易所分别上市。

（2）1984年稻盛和夫，为降低日本国民电信资费，牵头成立了日本第二家电信通话公司，即第二电信（DDI），到1993年，DDI在东京证券交易所第二分所挂牌上市。

（3）2001年京瓷集团和KDDI(后改名)同年进入"世界500强"企业。京瓷位列第451位，其营收排在第19位。KDDI排名第232位。

第五章　能量经济学运用的几个经典案例分析

（4）1997年，稻盛和夫辞去两大公司的所有职务，在京都八幡的圆福寺出家，法名"大和"。并过上两年托钵乞讨的僧侣生活，将化缘到的所有财物全部捐献给教育事业。

（5）1999年还俗。2010年2月，已是满头白发的稻盛和夫，应日本首相鸠山由纪夫之邀，在刚刚度过78岁高龄生日后的48小时，带上两名随行人员，入驻已经濒临破产的原世界500强企业日航公司。该公司原来是航空业的日本第一，世界第三，日航的破产将导致35000名员工失业，对日本国民的信心冲击极大。

（6）稻盛和夫接手后，也就是一年左右的时间，尚未进行大的改革，也没有做任何裁员，而自己一生中总结的"阿米巴"经营核心思想还没有来得及实施，就在他到任的第二年11月份，公司已近盈利1400亿日元，是日航有史以来盈利数额最高的年份。

以上简单介绍稻盛和夫的传奇经历，定会牵动你的心灵，当然，你也会问他是如何做到这样的成功和伟大呢？这个答案要透过现象，到稻盛和夫的心灵去寻找。有几个突出的例子可以表现：

（1）当稻盛和夫费尽千辛万苦，饱受战火、疾病、家人死亡、颠沛流离、饥饿等各种困难而终于大学毕业时，进入日本松风工业公司研究新型陶瓷。而那时这个公司已经债务缠身，经常发不下来工资，工人在工会的组织下罢工要求加薪，但稻盛和夫，因突出的工作成绩带领"特磁科"（专门为他成立的）的所有人员仍然勤勉工作，不参加工会组织的罢工。因为他认识到罢工带来的后果对双方都没有好处，而他带领的"特磁科"是全厂唯一的盈利部门，他希望努力工作来改变工厂和职工们的命运。

（2）在松风工业公司工作时，有一件事，让稻盛和夫困苦良久，就是在绝缘陶瓷器件烧结前，镁橄榄石粉要制成陶坯必须要用粘合剂。这就影响了产品的绝缘性能，但却苦于没有更好的办法。稻盛和夫常为此苦思冥想，一次在去实验室的门口，因为是一边思考一边走路，不小心被地上的一物绊了一下，险些摔倒，稻盛和夫不由自主道："这是什么东西？谁把它们放在这里的？"说着拾起了地上的东西，一看是色泽宛如茶叶的松香，此时他灵光一闪：将松香的粉末用做粘合剂，陶坯加热后松香会被全部燃尽，产品中就不会有任何杂质了。稻盛和夫为此欣喜若狂。他在以后的回忆中，总是提起这事，认为是有神灵的启示，并为他日后创办京瓷打下了坚实的科技基础。其实这并不是什么"神助"，而是心灵能量随着心灵凝思，聚集到一个焦点上后，所爆发的巨大能量，将疑难问题的阻碍，闪光般地冲破，许多科学家和企业科技创新者，都会有这样的经验，包括学生解决数学及物理难题，也是这样。这就是我们一提再提的心灵能量的创新作用。

（3）稻盛和夫刚创办京瓷公司时，将第一批的创业者聚到一起"歃血为盟"，确定了让京都陶瓷成为世界第一的公司，并在一张纸上写下："虽然我们的能力有限，但是我们决心团结一致，将我们的智慧和能力用于研究，我们努力奋斗，以求为社会、为他人做出更大的贡献。"①在宣誓书上每人刺破手指按下了血印。

在以后的经营中,稻盛和夫一直这样,他认为要在员工心目中建立起对工作和他人无尽的热爱,最为关键的是人心。"世界上没有比人心更重要,更能依靠的东西了,尽管人的内心是这个世界上最善变的东西,但一旦将人心拧成一股绳,把所有的人紧密地团结在周围,齐心协力地朝着共同的目标迈进,那么这将是不可摧毁的力量。"②

(4)在他创立京瓷公司三年后,遇到新来的几名员工以集体辞职相要挟,强迫他签订未来年份的加薪幅度和薪金。虽然此事他用三天的时间平稳处理过去,但让他深深思量着做公司的目标到底为何?由此得出了企业经营的真谛:"光明正大的事业目标就是引起员工的共鸣,使他们心甘情愿地长期为企业提供全方位的帮助,而这样的员工才是怀有大义的员工。如果一个企业拥有大义的员工,企业领导者必然会有更多的激情,也可以不受限制地、全身心投入经营。"③并为此制定了公司终生的经营目标:"追求全体员工物质和心灵的幸福,同时还要为社会的发展进步做出贡献。京都陶瓷公司是社会的一分子,因此必须承担相应的社会责任。"④

---

① 石川康:《稻盛和夫全传》,电子工业出版社,2011年版,第101页。
② 同上书,第121-122页。
③ 同上书,第113页。
④ 同上书,第113页。

（5）稻盛和夫讲，就因为他不是经营管理的专家，他才能看透企业经营管理的实质；就因为他没有学过专业财务知识，他才能成为企业财务管理上的专家，他创立的"阿米巴"的经营思想和模式正风靡全球。起因是财务的每月报表都是滞后的，月末反应的亏损或盈利都过时了，而财务报表的专业词语也让人丈二和尚摸不着头脑，而他要建立时点的核算报表，随时随地都能知道哪个部门，哪个行业是盈利还是亏损。另外，企业经营本来是全体职工的事情，但是目前流行的企业管理是绝大多数员工都没有很高的积极性，只是少数几个人在拼死拼活地忙乎。于是他把市场机制引入企业之中，让每个部门都是参与经营的盈利部门，这样来调动企业人员全员经营，真正把人人都变成主人翁。但在企业内部划小核算单位，独立经营后，若以部门的利益为核心，部门之间争权夺利，不但会破坏企业的整体利益，还会导致部门之间，和人与人之间因利益而造成的摩擦不和，伤害到整个企业。稻盛和夫对此苦思冥想，一直思考着"人活着如何正确"这样一个哲学命题。最后心灵的声音告诉他：只有利他人才能幸福！于是，他把"利他"的经营理念运用于企业，不停地宣讲人活着何以正确这个思想，让"利他"观念深入人心。因为有这样的经营哲学作为基础，则在划小核算单位后，独立核算经营的"阿米巴"思想，和经营理念得以在企业完全落地，实现了全员经营的梦想。此时，不仅企业的凝聚力空前提高，而且全体员工的积极性和生产效率也非常之高，此时企业的创新能力也是最强的。为此,稻盛和夫总结出企业的两个轮子:用制度抑制恶,用教育弘扬善。难怪他说自己是一个"纯粹的理想主义者和彻底的实用主义者一个结合体",[①]实际情况的确如他所言。而中国要实现民族伟大复兴的梦想,应当从中吸取许多有益宝贵的思想。更何况稻盛和夫说许多思想是受中国传统文化的影响才导致他有如此的智慧。

(6)稻盛和夫去日航公司前,已78岁的高龄,况且公司如他比喻是得了癌症的一头"巨象",即将轰然倒塌。他的家人和朋友一再规劝他不要接手。他为此将自己关禁闭一个星期,追问自己要接受日航的理由在哪?最后决定整顿日航,是一个单纯的目的,决不能让日航的35000名员工失业,因为这牵扯到数以万计的家庭。他以其高龄年迈和不辞劳苦的精神,在公司的高层及一线员工不停地宣讲,不能让员工失业,必须重整日航的精神,让日航全体人员非常感动,又将"利他"的精神导入公司,号召全体人员感恩地为客人服务,结果,这股精神汇成了巨大的洪流,让日本的全体国民支持日航,许多客人专门购买日航的客票,公司全体员工上上下下都因稻盛和夫的精神感召,拼命努力地工作着,以改变别人对日航的形象,就这样,仅用一年多的时间,日航起死回生,第二年盈利达到1400亿元。由此可见心灵能量的巨大威力。这里再次体现了

[①] 石川康:《稻盛和夫全传》,电子工业出版社,2011年版。

能量经济学倡导的能量的核心,生发正能量,传递正能量,汇聚正能量,创造经济奇迹。

经济中的正负能量取决于心灵的正负能量。而心灵的正负能量又直接决定人生的道路及生命所能感受的幸福程度。有财富不一定幸福,必须与人的德性相匹配,因此,石川康根据稻盛和夫的经历这样总结道:"社会上不乏一些风险主义经营者,他们自恃才华超众、热情洋溢,在创业初期谦虚谨慎,等到事业走上正轨或者一朝上市,巨大的财富源源不断而来之时,便认为'可以无视一切',往日的谦恭顷刻消失,变得目空一切、刚愎自用,最终一失足酿成千古恨。也就是说,如果不改正这类'负面的思维方式',不拥有一颗'感恩之心',就算拥有再多的财富,也都没有真正的幸福可言。稻盛和夫的人生之所以会硕果累累,正是因为他持有'正面的思维方式',满怀'热情',并抱以'付出不亚于任何人的努力'的毅力,摒弃了一切怨天怨地、愤世嫉俗的心理,时刻钻研创新,不断地朝着人生'正确的地图'迈进。"[①]

正确的思维方式决定人生的成功,稻盛和夫总结出的公式是:

思维方式 × 热情 × 能力 = 人生经营的结果

这个公式可以类比我们给出的经济能量方程式。

[①] 石川康:《稻盛和夫全传》,电子工业出版社,2011年版,第249页。

5.2 国家经济体现能量经济学运用的案例分析

5.2.1 美国经济案例

谈到国家经济能量的案例，不得不分析美国。美国在战后一直居于世界主导地位，无论是高科技的发展，军事武力装备，国家经济总量，还是国家竞争优势，都是居于全球霸主地位。在二战后，美国占尽天时、地利和人和的优势。第二次世界大战，很多国家都饱受战火的蹂躏，但美国却一直是提供军火和其他物资的大后方，因为战争刺激了许多工业重大突破，无论是"核原子计划"，还是空军1944年的"回型针计划"，以及"马歇尔计划"等，都让美国在电子、太空、合成材料、医疗保健用品和核能方面掌握了核心科技。

用迈克尔·波特在其著作《国家竞争优势》中的话说："在第二次世界大战刚刚结束的几十年间，美国是国家竞争优势的代名词。战后的美国，在经济上的实力是当代罕见的。早在20世纪初期，美国企业就已经在许多领域中居领先地位，其中著名的例如胜家（缝纫机），福特（汽车），奥蒂斯（电梯）等。到了20世纪50年代和60年代初期，美国部分产业进一步跨入了国际市场。当时的美国，平均生产力居世界各国之冠；他的出口虽然不多，但是拥有相当多具备国际市场生产力的产业。事实上，相对于其他发达国家，美国的国内生产总值中，进出口占百分比是比较低的。

美国过去所享有的得天独厚的条件，对其发展国际竞争型产业的帮助很大。美国产业并未受到战争的破坏，又拥有一个广大且富裕的国内市场，再加上不少为了供应战时需要而兴建的现代化厂房和设备，以及在缺乏国外竞争的情况下，适时迎合了刚萌芽的国际市场需求。另外，庞大的国际计划也提供了核心科技研究需要的经费，满足了高科技产品如飞机，电子产品的需求市场。这些新科技很快就转换成产业科技。"[1]

波特运用宏博的知识，分析十几个国家的竞争因素优势时，提出了培养国家竞争优势的钻石理论，体系如下：

图 5.1

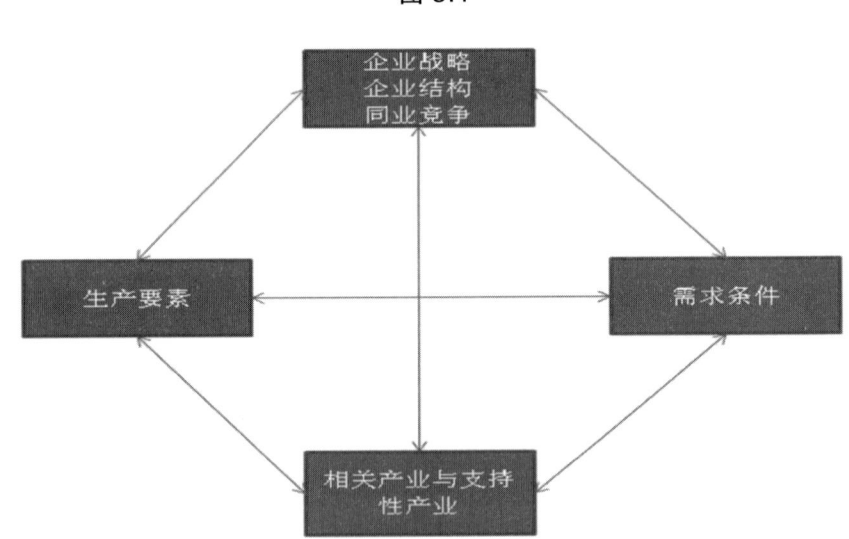

---

[1] 迈克尔·波特：《国家竞争优势》上，中信出版社，2012 年版，第 256-257 页

第五章　能量经济学运用的几个经典案例分析

但从能量经济学的视角分析，波特的钻石理论提到的"四大方框要素"，都是拘泥于表面现象，其《国家竞争优势》严格而言更像一个考察调研报告。当然在分析其竞争因素时有许多合理性，但因所想所看是树冠之枝叶，未知树之繁荣茂盛是因为其根深之发达，故其实用性仍有许多局限。而"钻石理论"构造的体系，更有削足适履之嫌，因为形成的生产要素，尤其是企业战略、企业结构、同业竞争、需求条件、相关产业与支持产业更多是派生性的，并不是内生力量的根源。

任何一国经济的繁荣和发展，其决定因素都是人的因素，对这一点的理解东西方经济学表现的智慧就有很大的差异。西方学者总是把人与物放在等量齐观的层面上，要提高企业的利润，必须千方百计降低人员的工资，把人作为物的成本要素来看待，满足企业利润最大化。而东方智慧表明，一切财富都是人的心灵能量显现出来的，只要开发人的德性和智慧，让人驾驭物的经济能量，则企业就会兴旺发达。从上述稻盛和夫的例子中最能反映这一原理。

与各国不同的是，战后日本、德国、意大利都是战败国，国内的经济已到崩溃的边缘，除了资本短缺，生活极端贫困外，生产基础设施也被战争破坏殆尽，其主要生产要素都处弱势，但这三个国家，经过几十年的发展，仍然都跻身于发达国家之列，原因是三国背上的战败国的民族耻辱感，渴望幸福生活和国家再次强大，却实行了虽看似不同但实质一致的教育兴国计划，让人力的内生能量得到最大程度的凝聚和挖掘培养，这种正向动力及摆脱贫穷耻辱的反向动力共同作用，产生强大的能量，让经济繁荣再度成为现实。

波特在考察美国经济发达的原因时，当然不会忽视美国的人力资源这一决定性的生产要素。美国的教育堪称世界之最："数百万退役官兵因为《退伍军人权利法案》而提升了他们的素质（由政府负担再教育和训练的所有费用）。60年代，也是美国在教育方面的投资期。当时的美国，教育体系质量高而且设有入学标准。它的教育质量可以从前往美国求学的外籍学生（特别是大学阶段）的数量上看出来。美国政府持续不断地投资教育，这使得更多的人有机会接受更高的教育，这种良性循环使得美国工人、工程师和管理专业人才成为全世界技术能力最高的人力资源。当时的美国，教育被视为社会进步的关键因素，为人父母努力工作以供养子女上大学，成了必然的目标。

"强劲的大学研究实力、庞大的政府研究经费，以及多家民间大企业的研究实验室等条件，为美国提供了一个强有力的科学研究环境。以农业为例，高度发展的农业大学网络、积极的研究计划和高效率的技术推广制度（如农业推广服务），都有利于生产力的稳定发展。

"此外，在政府的指导下，公私立大学的数量不断增加，它们除了提供教育机会，同时也成为美国研发能力的根基所在。战后的美国，联邦政府花在基础研究上的经费，是全球其他国家无法比拟的。前苏联发射斯普特尼克人造卫星的挑战、东西方的冷战等，不断为研究计划提供动机。这些情形不仅促使美国政府大力培养更多的工程师和科学家，也归结出征服太空的国家使命。与科学和技术能力紧随美国之后的德国相比，1973年时，美国颁授的自然科学与工程领域的学士和博士学位人数要比德国多出许多。政府在研究方面大量投资和投注心力，使得美国在太空、半导体、医疗器材及电脑等产业，久居独领风骚的地位。"[①]

美国教育发展至今，都是吸引全世界各国学生前往留学的最佳之地。且全世界人尤其是高科技能力的人员希望移民美国，这些人力因素为美国的繁荣乃至促成今日的经济霸主打下决定性的基础。美国经济的发展拥有天时、地利和人和，但人和是根本性的。

5.2.2 中国经济案例

另一个案例分析的是中国经济。中国不像美国握有丰富的天时、地利和人和的各种独占鳌头的资源优势。中国自1840年鸦片战争以来，近百年的时间饱受战火的蹂躏，贫穷、饥饿、生产力极端落后、人口众多、资源匮乏，这种一穷二白的帽子直到"文革"结束时还没有完全摘下。但自1978年中国经济改革，至今也就三十多年的时间，国内生产总值已跃居全球第二位，经济发展迅猛，是名副其实的生产制造业大国，人民的生活水平也迅速得到改善。中国

[①] 迈克尔·波特：《国家竞争优势》上，中信出版社，2012年版，第269页。

经济的发展及其产生的"中国现象"也让西方经济学界为之吃惊，不管依照什么样的西方经济理论学说，也难以解释今日的中国经济。但现实的存在，也极大地吸引着国内外学者的眼球，寻找着解释的因素。因此，中国经济现象的案例无疑也会进入能量经济学的宏观视野。

我们本身作为中华民族，又深居于华夏这块热土，深受中国古老的传统文化的滋养和熏陶，当然能更加用自己的心灵视角，观察和分析中国今日的经济现象。其实，从根本意义上说，是由中华传统文化积淀蕴藏着的中华民族人性自由得到解放，所释放的巨大能量造成的。而且这个能量才刚刚开始，随着能量的持续提涨，中国必将强盛于世界民族之林。

就其自觉使用心灵能量的民族和国家，中国是有悠久历史的。从尧、舜、禹、汤、文、武、周公、孔、孟、老、庄到今日，五千多年的文化源泉，成就灿烂文明之河浩浩荡荡，一直养育着中国人民，不仅如此，还传播并深度影响着东南亚国家的人们。稻盛和夫一生遵循的"敬天爱人"的思想，其"敬天"就是尊敬"天理"，而中国传统文化早已揭示"天理即良知"说，敬天理而致其人心良知，这也是孔子论述的"格物致知"的本义。日本另外一位"商圣"松下幸之助认为自己事业的成功，是因为"一手拿着算盘，一手拿着《论语》"而成就的。中国传统文化本身蕴藏着的正能量一刻也没有离开过人们的心灵。这是中国文化的基因，是中国人思想力量的基础，

第五章　能量经济学运用的几个经典案例分析

这个潜存于心灵根底的力量优势，不是美国战后那点优势所能比拟了的。因此，中国自舜禹商汤、周朝帝国，到秦汉乃至唐、宋、元、明、清，其国力的鼎盛，长时间居于世界之冠，其统计资料如下：

表 5.1　世界 GDP 以及 20 个国家和地区的 GDP 估计，0—1998
（百万 1990 国际元）

年份	0	1000	1500	1600	1700	1820	1870	1913	1950	1973	1998
奥地利			1 414	2 093	2 483	4 104	8 419	23 451	25 702	85 227	152 712
比利时			1 225	1 561	2 288	4 529	13 746	32 347	47 190	118 516	198 249
丹麦			443	569	727	1 471	3 782	11 670	29 654	70 032	117 319
芬兰			136	215	255	913	1 999	6 389	17 051	51 724	94 421
法国			10 912	15 559	21 180	38 434	72 100	144 489	220 492	683 965	1 150 080
德国			8 112	12 432	13 410	26 349	71 429	237 332	265 354	944 755	1 460 069
意大利			11 550	14 410	14 630	22 535	41 814	95 487	164 957	582 713	1 022 776
荷兰			716	2 052	4 009	4 288	9 952	24 955	60 642	175 791	317 517
挪威			192	304	450	1 071	2 485	6 119	17 838	44 544	104 860
瑞典			382	626	1 231	3 098	6 927	17 403	47 269	109 794	165 385
瑞士			482	880	1 253	2 342	5 867	16 483	42 545	117 251	152 345
英国			2 815	6 007	10 709	36 232	100 179	224 618	347 850	675 941	1 108 568
12 国合计			38 379	56 708	72 625	145 366	338 699	840 743	1 286 544	3 660 253	6 044 301
葡萄牙			632	850	1 708	3 175	4 338	7 467	17 615	63 397	128 877
西班牙			4 744	7 416	7 893	12 975	22 295	45 686	66 792	304 220	560 138
其他			590	887	1 169	2 206	4 891	12 478	30 600	105 910	227 300
西欧合计	11 115	10 165	44 345	65 955	83 395	163 722	370 223	906 374	1 401 551	4 133 780	6 960 616
东欧	1 900	2 600	6 237	8 743	10 647	23 149	45 448	121 559	185 023	550 757	660 861
前苏联	1 560	2 840	8 475	11 447	16 222	37 710	83 646	232 351	510 243	1 513 070	1 132 434
美国				800	600	527	12 548	98 374	517 383	1 455 916	3 536 622	7 394 598
其他西方衍生国				320	320	300	941	13 781	68 249	179 574	521 667	1 061 537
西方衍生国合计	468	784	1 120	920	827	13 489	112 155	585 632	1 635 490	4 058 289	8 456 135
墨西哥			3 188	1 134	2 558	5 000	6 214	25 921	67 368	279 302	655 910
其他拉丁美洲国家			4 100	2 623	3 813	9 120	21 683	95 760	356 188	1 118 398	2 285 700
拉丁美洲合计	2 240	4 560	7 288	3 757	6 371	14 120	27 897	121 681	423 556	1 397 700	2 941 610
日本	1 200	3 188	7 700	9 620	15 390	20 739	25 393	71 653	160 966	1 242 932	2 581 576
中国	26 820	26 550	61 800	96 000	82 800	228 600	189 740	241 344	239 903	740 048	3 873 352
印度	33 750	33 750	60 500	74 250	90 750	111 417	134 882	204 241	222 222	494 832	1 702 712
其他亚洲国家(地区)	16 470	18 630	31 301	36 725	40 567	50 486	72 173	146 999	362 578	1 398 587	4 736 931
亚洲合计(不包括日本)	77 040	78 930	153 601	206 975	214 117	390 503	396 795	592 584	824 703	2 633 467	9 952 995
非洲	7 013	13 723	18 400	22 000	24 400	31 010	40 172	72 948	194 569	529 185	1 039 408
世界	102 536	116 790	247 116	329 417	371 369	694 442	1 101 369	2 704 782	5 336 101	16 059 180	33 725 635

中国古代（至清代中期）国力长时间的兴盛不是偶然的因素，是因为最为文明的文化力量，能导致人心能量形成的必然结果。西方的"经济"（economy）这个词来源于希腊语 oikonomos，它的意思是"管理一个家庭的人"。具体解释是：价值的创造、转化与实现；人类经济活动就是创造、转化、实现价值，满足人类物质文化生活需要的活动。中国古籍对"经济"的解释是："经世济民"。由词

源上解释差异可以看到中西方人心灵能量的悬殊。西方许多经济学者对经济发展持有悲观的论调，但中国古人因天地生长的万物形成的财富观而显现的能量，就令今人刮目相看。比如《中庸》二十六章说：

"天地之道，博也，厚也，高也，明也，悠也，久也。

今夫天，斯昭昭之多，及其无穷也，日月星辰系焉，万物覆焉。

今夫地，一撮土之多，及其广厚，载华岳而不重，振河海而不泄，万物载焉。

今夫山，一卷石之多，及其广大，草木生之，禽兽居之，宝藏兴焉。

今夫水，一勺之多，及其不测，鼋、鼍、蛟、龙、鱼、鳖生焉，货财殖焉。"[1]

由此可见，人心能量巨大之时，自然能量会显现天地广博和货财雄厚。

中国新时期三十多年的快速发展，除了有其传统文化的巨大能量基因外，还取决于新中国成立后的两次心灵大解放。一次是毛泽东领导的革命导致新中国的成立，标立着中华民族又一次独立于世界民族之林，一扫百年以来的屈辱历史，成立新的国家，新的人民，当然也激发出强烈的心灵热情，这是心灵能量一次集中的爆发。第二次是改革开放，农村的土地承包，市场经济的承认与确立，私有

---

[1] 见《中庸》第二十六章。

第五章 能量经济学运用的几个经典案例分析

产权的界定与保护，国家对外开放，科技人才的培养，教育战线的拨乱反正等，又让人们从极左的高度集权计划经济模式中解放出来，让人们的心灵再一次获得新生和自由，带来心灵能量的第二次大释放，催逼着生产力等各种生产要素随之合理配置，而释放着各个因素的能量。尤其是开放国门，世界上发达国家的各种优势如外资、人才、先进生产力，也以特殊的显性能量一起进来，汇集成力量的洪流，激荡着中国经济的发展。这是中国这次快速发展的根本原因。

那么，中国心灵能量是否已到强弩之末，已经释放完毕了呢？还是有第三次自由心灵能量再释放？我们以能量经济学阐述的因果规律的原理，可以预见中国正在解放第三次心灵的巨大能量。目前，"一带一路"即海上丝绸之路经济带和陆上丝绸之路的经济计划，被一般学者认为是中国转移过剩产能，或国与国互通有无，共助共荣发展的经济计划，我们认为这种认识有其合理性，但认识不足，缺乏高度及深度的大能量洞见，应该是中国文化的丝绸之路的再次复兴。这次"一带一路"表面上是经济的，实质上是心灵文化的，是又一次中国人心灵正能量凝聚及再出发，这种强大的心灵能量磁场，会冲击传导"一带一路"上的具有地缘优势的每个国家，仍然会汇聚成难以想象的能量洪流。因此，中国心灵能量的第三次释放已经开幕，正要登上历史经济的主要舞台，把握这次机遇，让中国文化再次复兴，则中华民族的复兴便指日可待。

"第二次世界大战结束，美国的人均国民收入就远高于其他国家。战争对美国产业迈向成功之路大有帮助。另外，美国的经济规模庞大，加上种类众多，更让美国不需要花太多的力气就能取得优势。撇开政治因素的影响，美国企业也因海外市场的真实状态，自然成为所向无敌的国际竞争者。美国企业不必是基础科学商业化的高手，但是战争造成了美国在科技上的突破，加上战后重建的大量支出，美国企业再次拥有了绝对的优势。由于战争时期的大量投资以及未受战火蹂躏，战后初期美国的工厂设备相当现代化，企业往往只需少量投资就能见到效果。与其他国家相比，战后美国独特、超前的市场需求，让各家企业很早就取得抢先进入市场的优势，并且轻轻松松地维持了数十年之久。"[①] 这种美国优势及国民富裕，连迈克尔·波特也喊："这一切是否来得太容易了？"就其现在的状态来看，美国居于霸主的地位是无疑的，但并不是说是不可撼动的。西方古典经济学家及新古典主义者和制度经济学派，都认为国家发展是有生命周期的，人体有生、老、病、死的生命周期，万物也存在"成、住、坏、空"的生命周期，美国也如是，如波特分析的十几个发达国家的几个导向阶段：阶段一，是生产要素导向；阶段二，是投资导向；阶段三，是创新导向；阶段四，是富裕导向。那么美国富裕这么多年，必然是富裕导向阶段。在此阶段暴露了非常多的生命衰落迹象，比如骄傲自大，比如更加自私垄断，强调自我，

---

① 迈克尔·波特：《国家竞争优势》上，中信出版社，2012年版，第278页。

比如安于现状无有进取心，利用财富投资取得利益而失去产业的创造，又比如追求享乐而过度消费等，都是心灵的负能量显现和积聚的时期，一旦当心灵的负能量积累到反超正能量时，则国家从顶峰衰落而下，如同英国等老牌帝国的发展。中国不同，中国现在正是心灵正能量的上升时期，人们创造的热情被激活后，正在向外喷发，此时还处于少年向青年的转化时期，生命周期尚处于年轻阶段，按这样的状况与美国两相比较，赶超美国经济应该是迟早而没有悬念的事情。也许这是中国人，甚至是世界人都乐见其成的。

第六章 结论与展望

6.1 结论

能量经济学既站在往昔的西方经济学的理论高度和深度，又以自身的独特视角，再次围绕国民财富的性质及其增长问题，进行了经验观察和逻辑思考，指出了国民财富的本质是心灵能量这一新观念。并以此新观念重加审视亚当·斯密为代表的西方古典经济的自由主义的合理性及其不足，并从斯密未曾观察到的另一角度，论述市场经济中尚存另一种经济能量，此能量是人心自觉或非自觉因舍出所形成的正能量，与市场经济中的私欲之负能量相互制衡，达到市场经济中的均衡关系。由此否定西方古典经济学派和新古典学派的市场经济自发的功利主义倾向的观点。并因此证明维护这个正能

第六章　结论与展望

量所需要的规则保障体系的合法性,即政府的符合自然秩序存在的"合法"地位。由此证明"一只看不见的手"的市场调节和"一只看得见的手"(其实更难认识)政府在市场的作用,皆是自然秩序赋予的功能和权利。这样既排除极端自由主义的无政府状态,也排除极端的高度中央集权计划经济,人为摒斥市场经济的空想"乌托邦"状态。而这两种合乎自然秩序的,即市场经济和政府立法及合理干预相互制衡,达到市场经济中的"中道"均衡状态,也让一直以来为此争吵的西方经济学,因此而能熄灭争论,少走极端,中道行事,造福人类。

由于对市场经济中存在的必然的因果规律的认识,形成了能量经济学的理论核心,由此又推论出四个规律,即:

规律一:能量经济学符合因果规律。

规律二:能量越大,财富越多。财富向能量大的方向移动。反之则反是。

规律三:能量不离心灵。能量与心灵和合,故有方向性。

能量与正心念和合,表现为正能量;能量与负心念和合,表现为负能量。

规律四:经济能量守恒导致市场均衡。

"中道"能量的实相守恒才是真实的经济现状。破坏"中道"能量守恒的只能是心念欲望。

规律五:正能量表现为人的幸福能量,正能量大的人幸福感强。

负能量表现为人的痛苦能量，负能量大的人痛苦感大。

因为对以上本质规律的认识，可以让经济研究及其发展，永恒地都不偏离以人为本，让人幸福这一最终宗旨，永存于经济学研究的唯一核心地位，这也是能量经济学研究的真正目的。

另外，一旦确立国民财富的本质是能量的外在显现时，则经济能量的决定关系，也即是根源关系，便可得到认识，那就是由心灵能量决定的经济能量，因此经济能量是心灵能量的外在表现。而心灵能量，直接决定经济能量的强弱大小和正负关系。让原本中性的经济能量带有矢量性。即心灵的正能量是经济的正能量，心灵的负能量是经济的负能量，而心念善正，是心灵正能量的决定因素，心念邪恶也是心灵负能量的决定因素。并因此定性说明心灵能量（即思想力）与经济能量的强度大小之间的关系：$Q=mc^2$。此中的 c 是思想力量（也就是心灵能量），即经济能量与思想力的平方成正相关关系。其理论源于：心念的速度等于光速或会超过光速，在此重新声明，这只是定性说明，无法定量分析，具体定量分析有待于科学家以后的证明。但依此可以看出思想力对经济能量不仅是决定关系，而且对经济能量产生的量级影响之巨。

有了以上的本质规律和相应的原理，我们试用能量经济学的这些发现，解释宏观经济学和微观经济学中发生的，诸如供给和需求，通货膨胀和通货紧缩、就业与失业、财政政策和货币政策等等重要的经济现象，并与西方主流经济学派的观点进行比较，以便能更好

第六章 结论与展望

地解释经济现象。

最后，为了能更好认识能量经济学在经济中的作用，也为了更好地认识其中包含的规律、原理和方法，我们又特别列举了几个典型案例，在典型案例中举出特别的事实，进行对比和说明，这样，让能量经济学中反映的心灵能量能更加突出地表现出来，也让我们进一步认识，心灵能量对于个人精神和企业创新，公平与效率，以及对国家民族发展的巨大作用。并且，始终围绕做人何以正确，如何做人才能幸福，人如何通过能量经济学提供的规律、原理，获得物质财富等这些核心主题来进行研究、探讨和说明。其目的是让人们能更好掌握经济中的内在规律，以此提高大众的福祉。

6.2 展望与期待

依照能量经济学推导出的规律和原理，必须运用于国民经济中，来指导经济更加良性地发展，造福国家和人民。按此前分析的国家生命周期的转化趋势及进程，说明中国正由少年向青年时期的生命周期过渡，在此过渡和转化中，无疑会释放巨大的能量，尤其是我们已经强调的中国第三次心灵能量的释放，让国家快速进入繁荣富强的发达国家。此时的人们，如斯密早就总结出的心理状态一样："处于进步状态并日益富裕的时候，贫穷劳动者，即大多数人民，似乎最幸福、最安乐。"[①]但曲折的转化过程，也可能会产生许多负能量，阻碍着改革的进程。例如正向教育的失落，导致人心追求私欲极度膨胀，损害环境资源、食品安全等公共利益；政府过于强势，导致少数官员腐败，或独裁和刚愎自用，压抑民生能量；少数垄断集团的利益寻租，破坏社会公平；法制建设中的腐败行为，破坏社会正义；贫富悬殊两级分化，导致社会动荡等等，都是导致国家前进的反向阻力，要运用文化的力量和思想的能量，将此最大限度地消解，运用制度惩罚恶行，运用教育弘扬善行。减少阻力，扬帆前行。

国家正处于改革的攻坚阶段，传统的势力为维护自身利益必然因循守旧，不希望被其他的尤其是涉及公共利益的正能量冲击，故会阻碍甚至会破坏改革。但正如同李克强总理所说的，中国要有更多因改革带来的"红利"。党的十八大强调"依法治国"，让国家真正纳入法制化的轨道，体现社会的公平正义。改革中要千方百计限制政府的权力，"法有禁止不可为"。中国的传统文化习惯与西方国家差异很大，西方自古希腊、古罗马到文艺复兴，一直沿袭着个人的"自由"主义文化，这是他们的最高文化价值观。美国著名经济学家艾伦·艾伯斯坦（Alan Ebenstein）在《哈耶克传》中总结道："个人主义是西方文明最重要的核心。从希伯来人提出的所有人都是上帝的孩子的平等观念，到希腊人强调人文主义，到基督教关于

---

① 亚当·斯密：《国民财富的性质和原因的研究》，上卷，商务印书馆，1972年版，第74页。

第六章 结论与展望

灵魂不朽的观点,及由此而形成的人人都具有价值、耶稣爱每个人的观点,再到罗马人提出法律之下的平等思想——西方文明异于且优于其他文明的地方,正在于它突出了强调每个个体的重要性。"[1] 因此西方很难形成强势政府,而个人的自由完全纳入法律化的框架内,西方是法律至上主义。中国则不同,其传统习惯和大农业群居的农耕文化是集体式的,伦理式的,因此集体主义能量远大于个人主义的能量,讲究集体的道德伦理观比如"仁"、"义"、"礼"、"智"、"信"和"孝"、"悌"、"忠"、"诚"、"廉"等等。我们说,中华的文明异于且优于其他文明的地方,也正在于道德伦理核心文化观的建立与弘扬。这种文化会让个人主义消解于集体主义之中,更加凸显个人的无我精神和利他的崇高品质,在全体人类的范式下发挥自我的创造力量。因此,文化的巨大差异,不能也不允许生搬硬套西方经济学的思想理论,必须在消化吸收中国的传统文化文明及西方的先进文明前提下,才能形成自己独有的经济新体系。

国有企业的改革更加重要,评价标准是看能否释放或阻碍正能量的发挥。在涉及民生领域,要"国进民退",保障老百姓的生活安全和国民福利。在市场竞争领域内,一定要"民进国退",把市场的权利交给民营主体,破除因国有企业强势造成的竞争壁垒,"法无禁止即可为",实现充分竞争,激活民心自由的能量。

---

[1] 艾伦·艾伯斯坦:《哈耶克传》,中信出版社,2014年版,第122页。

为促进经济的更大活力，国家要力争减税让利，减少政府服务性开支，提高公共服务效率，让公共产品更加优越化。刺激国民消费需求要合理化，不能极端过头。因为中国人的消费习惯心理是："生财有大道，生之者众，食之者寡，为之者疾，用之者舒，则财恒足矣。"（《大学》第十一章），这是最合乎尺度的正能量经济学的消费观，西方国家的过度赤字消费是非常危险的，国家衰落与此直接相关。人民币国际化是大势所趋，力争实行货币的"单一规则"，取消相机抉择的货币政策，稳定货币的数量的发行，让经济能量平衡增长以稳定经济的发展。

在处理国际关系方面，中国因处于转型时期，由少年至青年，而因为少年、青年气盛，故容易形成与其他各国的角力，要记住孔老夫子提出的："少年戒斗"观念，用"中和"之道去处理国际关系，继续积聚能量。因此，小平同志提出的"韬光养晦"之说并不过时，小平时期的"韬光养晦"是隐忍的，此一时期的"韬光养晦"是中和的，对于兴旺发达几百年的国家景象来说，我们仅仅三十多年的发展其繁荣刚有曙光显现，故必须要谦以养德，养心提势，万不可像一些庸俗经济学家讲的，"韬光养晦"已经过去，现在是显现自我强出头的时代，不自觉地生起傲慢，将让国际局势为国家的发展带来巨大的压力。

善于运用心灵正能量的民族和国家，可以通过心灵文化，将不利于自己的负能量的矛盾斗争，实施转化成正能量。正如二战以后

第六章 结论与展望

日本、德国和意大利这三个战败国，国民背负的耻辱本来可以导致人生的悲观消极，成为影响经济发展和人们幸福的负能量，但他们以此为正能量的动力源，奋发图强，反倒升起的正能量以乘积的方式增长，这就是黑格尔在哲学著作中提到的"恶是历史发展的动力借以表现出来的形式"。① 当然这个恶要会转化。中国在走向繁荣富裕、民族复兴的过程中，必然会遇到国际势力的负能量冲击和干扰，那就需要心灵层面的转化，将其转化成国民前进的动力，转化成国人团结的能量，国际上的所有阻碍因素，非但不会影响国家发展，反而提供了正能量的养料，这种转化就是"中和"的力量所致，以此累积能量，来水到渠成地处理国际关系。

著名经济学家郎咸平在《中国经济的旧制度与新常态》的序言"我对本轮经济改革总体上持谨慎正面评价"一文中，这样理解中国经济新常态的本质。他说："中国经济新常态的本质，就是透过改革，逐步使中国成为一个正常的市场经济国家，从而实现国家经济治理能力的现代化。

"我一直认为，市场经济体制不单纯是经济制度问题，更是国家治理社会的最有效的治理方式，因为市场的本性是自由、平等、公平、竞争和博弈的合作。所以我们看到，习近平主导的'全面深化改革'透过'三板斧'，使中国经济逐步进入了新常态：第一板

---

① 黑格尔：《历史哲学》，上海书店出版社，2001年版。

斧，简政放权，释放市场活力，就是所谓的'习李新政'；第二板斧，通过三中全会《决定》，确定了市场在资源配置方面的决定性作用，厘定了政府与市场的边界，其核心是压缩行政权力，还私权给公民和企业，即所谓的'法无禁止即可为'；第三板斧，透过四中全会《决定》，规范那些被压缩的公权力，以实现所谓的'法无授权不可为'和'法定职责必须为'的法治目标。"①

这种看法基本上是正确的，但尚不足以概括"习李新政"的能量内容，这"三板斧"描述的是经济及社会的治理政策，但由此背后起决定的精神力量才是"习李新政"的本质，由改革形成的治理手段渐进到经济繁荣，再渐进到文化复兴，达到第三次中华民族的自由精神的大解放，而释放出极其强大的创造能量才是这次改革的本质所在。

总之，利用改革释放人性的自由，利用法治实现社会公平正义，利用"一带一路"政策实现中国文化的复兴，利用中国的特有文化实现经济能量的最大释放。让自由、平等、诚信、友善、公正、法治、爱国、敬业、富强、民主、文明、和谐的核心价值观深入人心，力争为国际社会，奉献中国根底深厚的"中庸""中道""中和"的人类最为优秀的文化，这才是我们今天更加要思考的属于东方观念的经济学内容。

---

① 郎咸平：《中国经济的旧制度与新常态》，东方出版社，2015年版，第1—2页。

参考文献

[1] 谭崇台：《西方经济发展思想史》，武汉大学出版社，1995年修订本。

[2] 谭崇台：《当代西方经济学说》，武汉大学出版社，1983年版。

[3] 亚当·斯密：《道德情操论》，中央编译出版社，2015年版。

[4] 亚当·斯密：《国民财富的性质和原因的研究》上、下卷，商务印务馆，1972年版。

[5] 马歇尔：《经济学原理》上、下卷，商务印书馆，1983年版。

[6] 萨伊：《政治经济学概论》，商务印书馆，1982年版。

[7] 西尼尔：《政治经济学大纲》，商务印书馆，1977年版。

[8] 李嘉图：《政治经济学及赋税原理》，商务印书馆，1962版。

[9] 季陶达主编：《资产阶级庸俗政治经济学选辑》，商务印书馆，1963年版。

[10] 罗雪尔：《历史方法的国民经济学讲义大纲》，商务印书馆，1981年版。

[11] 罗雪尔：《国民经济学体系》，第13版第1卷《政治经济学原理》（Grund Lagen der National okonomie），1878年英文版。

[12] 维克塞尔：《利息与价格》，商务印书馆1982年版。

[13] 维克塞尔：《国民经济学讲义》，上海译文出版社，1983年版。

[14] 赖荣霍夫德：《论凯恩斯学派经济学和凯恩斯经济学》，1968年英文版。

[15] 贝纳西：《宏观经济学：非瓦尔拉斯分析方法导论》，上海三联书店，1990版。

[16] 哈耶克：《法律、立法与自由》第一卷，中国大百科全书出版社，2000年版。

[17] 奥古斯丁：《忏悔录》，商务印书馆，1963年版。

[18] 魁奈：《魁奈经济著作选集》，商务印书馆，1979版。

[19] 曼昆：《经济学原理》，上、下卷，北京大学出版社，2012年版。

[20] 乔治·吉尔德：《财富与贫困》，上海译文出版社，1984。

[21] 阿尔弗雷德·马歇尔：《经济学原理》,中国商业出版社，2009年版

[22] 哈耶克：《通往奴役之路》，中国社会科学出版社，1997年版。

[23] 黑格尔，《历史哲学》，上海书店出版社，2001年版。

[24] 凯恩斯：《就业、利息和货币通论》，商务印书馆，1997版。

[25] 迈克尔·波特：《国家竞争优势》上、下，中信出版社，2012年版。

[26] 沃尔特·艾萨克森：《史蒂夫·乔布斯传》，中信出版社，2011年版。

[27] 弗里德曼：《通货膨胀理论》，商务印书馆，1992年版。

[28] 艾伦·艾伯斯坦：《哈耶克传》，中信出版社，2014年版。

[29] 沃尔特·艾萨克森：《爱因斯坦传》，湖南科学技术出版社，2012年版。

[30] 乔·维泰利、伊贺列卡拉·修·蓝博士：《零极限》，华夏出版社，2011年第7版。

[31] 康德：《纯粹理性批判》，商务印书馆，1960年版。

[32] 卡尔·雅斯贝尔斯：《历史的起源与目标》，华夏出版社，1989年版。

[33] 帕斯卡尔：《思想录》，商务印书馆，1985年版。

[34] 路德维希·冯·米塞斯：《人的行动》，上海人民出版社，2013年版。

[35] G.M.迈耶：《发展经济学的先驱》，经济科学出版社，1988年版

[36]《孝经》。

[37]《大学》。

[38]《道德经》。

[39]《论语》。

[40] 窥基：《大乘百法名门论本地分中略录名数解》。

[41] [明]袁了凡：《了凡四训》，世界知识出版社，2011年版。

[42] 吴易风主编：《当代西方经济学流派与思潮》，首都经济贸易大学出版社，2005版。

[43] 胡代光：《米尔顿·弗里德曼和他的货币主义》，商务印书馆，1980年版。

[44] 温家宝总理接受《爱尔兰时报》助理总编采访，外文部网站2004年4月29日。

[45] 季陶达主编：《资产阶级庸俗政治经济学选辑》，商务印书馆，1963年版。

[46] 《乾隆大藏经》，中国书店出版社。

[47] 郎咸平:《中国经济的旧制度与新常态》,东方出版社,2015年版。

[48] 俄林：《区际与国际贸易》。

[49] 江本胜：《水知道答案》，电子工业出版社，2012年版。

[50] 石川康著：《稻盛和夫全传》，电子工业出版社，2011年版

[51] 僧肇：《物不迁论》（任继愈主编《中国哲学发展史》魏晋南北朝卷，人民出版社1988年出版）。

[52] W·Roscher，*Principles of Pocitical Economy*,Vol.I.1878.

[53] J·S·Mill，*Principles of Political Economy*.Iongman.1926.

[54] H·Spiegel,*The Growth of Economic Thought*,Duke Unirersity Press,1983.

[55] J·A·Schumpeter,*History of Economic Analysis*,Oxford Unirersity

Press,1986.

[56] P,Sraffa, eds., *The works and Corresponclence of David Ricardo*, Vol. Ⅷ, Cambridge University Press.

[57] Philip A O (Haraled) .*Encyclopedia of political Economy*, Vol. l.Zondon: Routledge, 1999

[58] Eichner,A:*Toward A New Economics:Essays in Post-Keynesian and Institutionalist Theory*.Macmillan,pp. (1985).

[59] J·B·Clark,*The Theory If Economic Progress,American Economic Assocition: Economic Studies I*,April1896.

[60] Davidson,P.*Post Keynesian Eonomics,in Bell D.and Kristol I. (eds): The Crisis in Economic Theory*.Basic Books,1981.

[61] Pasinetti, L:*Structural Change and Economic Growth*.Cambridge University Press. (1982).

[62] Kardor,N:*Further Essays on Economic Theory*,Duckworth, (1978).

[63] Robinson, J:*Essays on the Theory of Economic Growth* ,Macmillan, (1962).

[64] Mor,B:*The Endogeneous Money Supply,Journal of Post Keynesian Economics*,Spring, (1988)

[65] Kalecki,M:*Selected Essays on Dynamics of the Capitalist Eonomy*,Cambridge University Press (1971).